FLAME

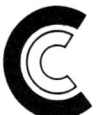

crocus

c r o c u s

FLAME

Translations by Alishan Zaidi

Poetry by Asian writers in English and Urdu

First published in 1991 by Crocus

Crocus books are published by
Commonword Ltd,
Cheetwood House,
21 Newton Street,
Manchester M1 1FZ.

Commonword gratefully acknowledges financial assistance from the
Association of Greater Manchester Authorities, North West Arts
Association and Manchester City Council.

Typeset and printed by RAP Ltd, Rochdale, OL12 7AF.

Urdu calligraphy by Bury Metro Translation Services.

British Library Cataloguing in Publication Data
Flame: poetry by Asian writers in English and Urdu.
    1. English poetry. Urdu poetry
    808.810095

ISBN 0 946745 85 4

Contents

Publisher's Note

'You send strong winds to blow me down,/But I am straight and tall;/I am like the willow,/I bend but never fall.' (Kailash Puri — 'Strength')

Flame is a strong collection of poetry by Asian writers enriched by a power which is for the most part ignored by British society. A diversity of views and styles is clearly reflected here, rendering the generalizations which occur through racism obsolete. How better to learn about a community — whether part of it or not — than to listen to it express itself through as creative and dynamic a medium as poetry.

An example of the variety of styles can be seen below as Debjani Chatterjee writes alongside Saqib Deshmukh. Chatterjee's powerful 'Rhinoceros':

'Hide clad warrior, risen/from pre-historic legend./You stand solid on shifting ground;/your twin horns, like two upthrust/thorn fingers, are confronting/our noisy civilization.'

sits assuredly aside Deshmukh's sharp and perceptive polemic 'There ain't no Black in the Union Jack':

'There ain't no Black in the Union Jack/'cos the man with the mission/doesn't want us back./Deportation./No more immigration./"They're taking all the jobs..."/Lies become facts.'

Flame is written in two languages — Urdu and English. Urdu is the most widely spoken and written language of the Asian community in Britain. The whole project has presented us with a challenge; each step of the publishing process has had to be re-analysed. The result being *Flame*, a confident book that places Asian writers on the national literary scene.

We would like to thank the editing panel: Cheryl Martin, Alishan Zaidi, Zaman Tahir, Misbah Khan and Noori Mughal.

Lemn Sissay
Commonword and Cultureword

Translator's Note

Reading for pleasure is vastly different from reading for translation. Translating is a challenge that involves analysis of each individual poem, searching out its strengths and weaknesses. In translating a collection of this kind where fifteen poets are represented, I had to adapt to the different styles of expression that each of them brought with him/her. Most of these poems have been translated into Urdu, from English. Two poems — those by Hasan Shakil Mazhari — were submitted in the traditional stylized form of Urdu with its symbols and imagery which presented their own challenges in translation. I hope I have done justice to them.

There is a common strand of experience running through these poems which binds them together as a collection. This assignment brought me very close to the community of black writers in Britain with whom I share many cultural and emotional roots.

Alishan Zaidi

Alishan Zaidi was born in Hyderabad, India, in 1941. He is presently working as the head of community languages in Rochdale Education Department. He is a widely published writer, and his works include a collection of poetry in Urdu, entitled 'Kasa-e-rooh'.

STRENGTH

Kailash Puri

You send strong winds to blow me down,
But I am straight and tall;
I am like the willow,
I bend but never fall.

Your storms may cause a branch to break,
My body aches for sleep;
But wasted is your vicious scorn,
I cry but never weep.

You tempt me with life's luscious fruits,
And try to lead me from my way;
But I reject your poisoned smiles,
I err, but never stray.

RHINOCEROS

Debjani Chatterjee

To view you is to hurtle back
 a millenium or more.
 Can you and I co-exist
in any time, in any place?

 Hide-clad warrior, risen
 from prehistoric legend,
you stand solid on shifting ground;
 your twin horns, like two upthrust
 thorn fingers, are confronting
our noisy civilization.

Plate on plate of slate rock beauty,
 impenetrable and mute;
 your poker eyes glaze at us
 within the muddy pockets
to which we relegated you.

 Targeted by winking men
 with bullets and cameras,
 your survival now hinges
 on a blink of history.
Those wrinkled eyes look fossil-closed,
 but the mobile mouth appears
stretched in a Mona Lisa grin.

INTIFADA
(Shaking Off)

Zahir Ali

Raising the banner
I started early
and visited the wall
police marksman
came out to look at me
armed carriers — in the background
and Temple Mount.
No man moved me
A hail of shells
went past my knee
and my shoe
one past my neck too
bodies fell not one or two
when hundreds ran — I ran too
they followed close behind
I felt his cold gun
upon my spine
I looked down — I looked up
Door of God remained shut
Fifty years of
deleterious occupation
exhausted means
of justice and patience
neglected I stood
at United Nations
daily rape of
my frustrations
Landless, homeless
my entire nation
Hell I faced
I'll face it again
Intifada I feel
Can you feel my pain?

VESUVIUS

Samir Chatterjee

Yesterday I had fallen for you in a big way
A fisherman fighting to hold his line
beneath the rising murky water.
As I see you again on reflection
I noted a crocodile waiting to devour.

Your slippery charm beats oriental silk
Can insert yards into an inch.
Brute power concealed by pretty jaws.
Timing your preys with perfection
You inject lethally into their veins.

You would like to help the masses
only if the poor accept you as their king.
The crown must sit steady on your head;
If the west wind blows a little towards you
your nerves shatter into a billion pieces.

The machine within grinds incessant.
The tractor has to demolish each and every grass.
Like a tempest wishing to drench every soul
you descend ruthless from above.
Must you always fertilize the earth with your 'love'?

The Utopia you live for,
The speeches you scream for,
The volumes you scribble —
Were all lined with Brutus' blood.
In the dawn of a Roman garden
They have been quietly buried long ago.

But Vesuvius does not accept a tranquil end.
All the other stars which did not surrender to your
    galaxy
have to be eliminated.

Your unquenched anger will turn the mountain's blood
   red;
The lesser mortals you once lived on,
Will spew out of your bowels in hot speed
With the same urgency as they were once swallowed.

After each rock melts into the white hot fury
It will become the mountain's turn to melt.
The hour of sudden death will arrive.
Very slowly your bones will depart from your flesh,
The marrow will detach from your bones,
The last testament of your life
Will be signed in your blood.

One day long after you are gone
A new village will grow where you stand.
It will not need a 'liberator' like you
to become equal, affluent or free.

KHITISH

Debjani Chatterjee

Hurtling into the clutter room
whose door hung loose on its hinges,
I knocked against him coming out,
barefoot and with lungi folded
above the knees. Khitish held me
with his bony grip and brown eyes,
our lanky servant who was king
of the fish ponds and muddy swamps,
the hero who opened the gates
to adventure. I looked at him
expectantly, for he always
gave me keys that unlock treasures
to scatter in my clutter room.
From out his pocket a carved top
of sal wood with a string spiralled
tight around it, transferred itself
to my greedy hands. 'All it wants
is a lick of paint,' said Khitish,
'then watch it spin, little sister.'
I twirled it straight away, pulling
back the string with all the flourish
of some conjuror whisking off
a table cloth to leave behind
crockery and cutlery, set
in immaculate arrangement.
'Brilliant!' I breathed, giving him
my unstinted admiration.

THERE AIN'T NO BLACK IN THE UNION JACK

Saqib Deshmukh

There ain't no Black in the Union Jack.
'Cos the man with the mission
Doesn't want us back.
Deportation:
No more immigration,
'They're taking all the jobs...'
Lies become facts.

There ain't no Black in the Union Jack.
Go to Newham, go to Handsworth
And the youth will tell you that.
Police always want to know about
Drugs and smack,
Where are they at a racist attack?
At a racist attack
The police just turn their backs.

There ain't no Black in the Union Jack.
Tell that to women who get the sack,
'Cos they're Black you see
And need money for families.
But they can't speak the lingo
Or can't tell the time,
White bureaucrat sack 'em
Down the line:

'The Government don't want you,
They're trying to kick you out
Why should I employ you?
There's enough of you about...'

There ain't no Black in the Union Jack.
Try telling Colin Roach that,
Shot dead in Stoke Newington Police Station,
Policeman say he was intimidating,

But guess who end up dead;
The Black man or Mr Policeman-head?
How many more does it take
For us to realize and fight
These racist mistakes.

There ain't no Black in the Union Jack.
I reckon MacGregor and Baker know that,
'Cos they're gonna form schools
White and Black.
Educational apartheid
Will become a living fact,
And the kids who fail
Are gonna be Black,
And the kids who fail
Are gonna fight back...

There ain't no Black in the Union Jack.
Says Mr Facist man as he
Burns down a flat.
Say the daily papers,
When they slag off the Blacks.
Says Mrs Thatcher,
'Cos she wants us to go back.
I was born here Mrs T,
I don't know any other country.
They say we're swamping their culture;
The BRITISH way of life,
Which has done so much in history
And caused Black people strife.
They took our lands,
Nicked all their wealth,
Said we were inferior
And left us on the shelf.

'Cos there ain't no Black in the Union Jack.
'Cos there ain't no Black in the Union Jack.
And now we know that
There is no turning back,
And now we know that

There is no turning back...

IPSO FACTO

Debjani Chatterjee

It is a fact that
most people despair
below the breadline.

It is a fact that:
'the world is unfair'
won't make a headline.

It is a fact that
we near the deadline.
Does anyone care?

If so; facto?

RICKSHAW-WALLAH

Anita Kumari Kapila

The stench of the urinals
overpowering and pungent,
Makes its way through the
heat and dust of the day.
Rickshaw-wallahs oblivious to
this, as their every sinew
stretches to the limit.
Life's salt oozes out of every
pore — for that rupee.

Multi-coloured saris,
Silk, chiffon and georgette.
Like bunting along the street.
Light brown, brown, dark brown,
so many faces,
so many castes.
Gujerati, Bengali, Punjabi,
Brahmin, Khatri, Arora.
What a country

MOTHER INDIA.

DAUGHTER OF A PALESTINIAN REFUGEE CAMP

Zahir Ali

I dream of a world of free air and fortune
where all my songs are more in tune
and moon that glows kind by night
where sun brightens no ruined sight
A home I want with a kitchen sink
equal times and mornings pink

But helpless daughter in a refugee camp
by the holy hills of the West Bank
and blindfolded the soldiers took my brother
tied his hands behind, they mucked him further
scarred his limbs and stubbed his skin
mother cried when he returned so thin
and father in his chest they shot
accused him of a terrorist plot
charged for enticing the hidden vim
slowly my large family trim

Come back the pain once more
when mum's hair, the animals tore
Cry the world could never listen
dull my days — never glistened
Earth deaf, offered no hope
Heaven stared but never spoke

School march — ANGRY I raised my fist
pointing his gun, he wrenched my wrist
Likeness of a hammer to an ordinary egg
no rotten God I shall ever beg
Terrified, I stood, crying my will
my first prescription of a slow death pill

Come back the pain once again
Endless darkness let MORNING BEGIN.

A DISPOSABLE COMMODITY

Misbah Khan

I'm the Asian woman
At the bottom of the social scale
Oppressed by my kind and others alike,
I am the whale.

The white person says:-
'We need an Asian woman.
We need a Black perspective
We never consulted you
and sure you'll support our directive.'

I'm the Asian woman
Anxious to raise my children
Suffused with dignity,
Ready to support our men

Yet still
The disposable commodity.

I'm the Asian woman
Forever giving never receiving
I'm the whale
They are deceiving.

The black men say: —
'We black men know what it's all about
So will you come and and endorse what I say,
  ''Be my echo''
  ''Improve my image''
  ''Boost my ego''
  ''Be my prop''
  ''Help me up the ladder''
Yet again using my back for his career.

And still
The disposable commodity.

I'm the outlet of your pain
I suppress my hurt
               Soothe your brow
               Calm your nerves
               Give you my strength.

In the calm of the night
I reach my abysm.
My heart weeps
Silent thoughts in an aching body

I am an ocean
Look at the expanse of me
the wealth inside me

And yet
The disposable commodity.

I am Asia
I declare my space
I've found myself
I'm Africa
You will use me no more.

I am the Asian woman
Loyal like the ocean
I will always reach my shore
handle me with care

DISPOSABLE NO MORE.

SNOWFLAKES

Zahir Ali

Snowflakes dancing drop
Rich gloom lurks above
Clouds swoon run run run
While the sun takes a rest.

Wind vile punishes gladly
· The loose light fluff
Descend — descend if you will
on to my palm.
Come hide the naked woods
what autumn left to rot.

Descend — descend if you will
while the sky holds its breath
Earth, white, shivers beneath
and the moon lies in calm
Descend — descend if you will
on to my palm.

SON

Zahir Ali

All the teachings
of world harmonized
plight of a migrant
when realized
hail of abuse
'mesmerized'
ignorance, pretence
formalized
prejudice, hatred
when televised
expect NIL
and be surprised
First time you meet
the evil in disguise.
This environment,
has prejudice and racial scums
literary idiots and journalistic bums
deceptive friends beating empty drums
School may be difficult and teachers numb
But enjoy your puberty and have fun.

You are the hope of things to come
Show them
you are twice as them
Reason like father
be kind like mum
That page insensitively
ripped out of your book
Was only to
test your wit
Massage of authority
very unfit
Such is society
we are part of it.

SOMETHING STIRRED

Debjani Chatterjee

Let's relish the kitchen table poems:
Peeled layers of scored revelation;
Their sliced precision of words, hard and soft;
Subtle hint of tumeric in the air:
Soap bubbles catch the moment and the sun;
The ordered menu of kaleidoscope;
Twist of pepper added, wand-stirred to life;
Work of everyday poets, home-makers.

MAKING WAVES

Debjani Chatterjee

Newsflash: 'Britain's no longer an island.'
The ears pricked up at the late night telly.
Only connect to this sceptred isle, land
Of European solidarity.
Eurospeak is now the lingua franca.
The year rushes to link with a new one
Of wall to wall breaking perestroika
And Channel Tunnel digging to '91.

Linked to Europe, we're linked to Africa,
To Asia. So welcome, Britain, to the world!
A night for counting Welsh sheep cavorting
Sleepless over Euro butter mountains.
Morning; a flooding sea of commuters
Pouring from the station. Hadn't they heard?
But each one travelled with stiff upper lip
Bridges drawn up as they wade through the waves.

FUN RUN

Kanta Walker

In the growing dark
Of an autumn afternoon
I go for my run
By the river.

The river a Sunday grey
The western sky
Is painted with the
Shafts of palest pink
Reminding me of a certain sun
Behind the darkest skies.

My heart uplifts
Eyes raised skywards
Over the bare tree-tops
I kiss the horizon.

I hear voices
Ears strain for the sound
Eyes become wary
And carefully scrutinize
The surroundings.
A woman who runs alone
In the afternoons
Has to be watchful
In a man's world.

They are only kids
Relax, relax, I say to myself
And race on.

'Fucking Paki,' they shout,
Slag, flasher, shit
They sling words at me
In an ugly, hurtful string.

I double back
Wanting to talk to them
Fearful of the awareness
That they would become men one day
With terrible hatred about blacks, women
Joggers and be the future rapists and muggers.

When they see me come closer
They arm themselves with stones
And throw them in my direction
With a considerable accuracy and further
Four-letter words explode.

I turn around mission unfulfilled
And run in an opposite direction.
Ah well, perhaps they are already tainted.
Talking to them might have been useless!

The sky is gunmetal grey now, doom laden
And I have lost the vision of a higher heaven.

IS BIOLOGY MY DESTINY?

Yasmin Farooq

Oh yes this is my man,
   who dreams I be a 'traditional' woman,
   who would almost 'worship' her man,
   would stay home to look after his offspring,
   Bake chappatis, curries, chips and puddings,
   Clean the house from top to bottom,
   And never complain about boredom,
Oh yes this is my man,
   After having done everything
   He would expect me to be smiling,
   When he came back from working,
   After all I would have only been
   doing 'housework' and looking after children,
   Changing their nappies, bathing them alone,
Oh yes this is my man,
   Unfortunately I too am 'officially' working
   to maintain our standard of living,
   He reckons it is leisure for which I'm working,
   It's not surprising as he is not alone in thinking
   though deep down he would not deny
   my financial contribution.
Oh yes this is my man,
   But confession would put him in an awkward
      position,
   As the 'breadwinner' notion must stay
   otherwise the whole 'culture' will fade away
   My earnings must not be spent on food
   Or towards the mortgage installment
   As these are the major components
Oh yes this is my man,
   My contribution would therefore mean,
   Failure of his duty as a man,
   I am acting as best as I could
   Professionally in my own capacity,
   At work and in my ultimate destiny,
   As a housewife with agony.

Oh yes this is my man,
  Both things do have something in common,
  My boss, a white man also gives me an impression
  Being an Asian woman I am not supposed to have an
    opinion.
  For him racism and sexism combine
  And lead to further oppression.
Oh yes this is my man,
  I have to prove to them that I can survive,
  Despite the stress and demands of two separate lives,
  Where one expects me to be 'flexible'
  the other incontrovertible.
  But he always finds role models for me.
  So and so is always better than me.
Oh yes this is my man,
  Once again it is this 'stupid' housework
  that divides rather than unites womenfolk,
  When questioned about gender inequality,
  He would argue that it is biologically,
  And moreover quite naturally,
  Accepted socially and universally.
Oh yes this is my man,
  He finds my tasks quite satisfactory,
  the job, the housework and child care responsibility,
  One thing he would not understand quite deliberately
  Why I would not smile at him so generously
  At him when he comes home
  After a day's 'hard' work
Oh yes this is my man,
  At work where he is looked after
  purposely appointed by one of my sisters
  who makes him tea when desired
  Dials the telephone when required
  Makes appointments as expected.
  One thing that is clear as far as she is concerned
  Biology is not a destiny for her
  Would he survive without us two
  I tell you the answer is no
Oh yes this is my man.

THE SILENT PREACHER

Syed Naeem Pasha

Do I make any sense;
When I tell you that the starlight,
    Is entangled in its own existence
And when I say that the night,
    Is as dark as our sins.

When I say that righteousness has no name;
Do you think I'm insane?
And when the day begins;
And I say I'm going away from here,
Do you think I'm somewhere near.

If you believe me;
Then I'll bring the world to your feet
And you can kick it as far as you wish;
Just as I do, when you bring it to me;
Just as I do, when you listen to me.

RETREAT

Kanta Walker

In the tangle
Of her long dark hair
Covering the curves
Of her little child
Buttocks — I hid
My desires.

The corkscrew curls
That lined her
Angelic face
And exaggerated
The innocence
Of her coal-black eyes
Shook defiantly and said
'Old woman, I am
Taking your young love
Away — on a joy-ride!'

Oh, the caprice
Of the shake of her
Shoulders! Denying
Me confidence,
Shouting, retreat, retreat, RETREAT!

Should I have brought
My age-old charms out?
Used my guile and wit
To keep myself warm
In bed a bit longer?

No! I wanted her to win
And dance all night
Away in a dim lit
Dance-hall and hold
My lover in her arms
And spin, and spin,
AND SPIN!

WANDERER

Hasan Shakil Mazhari

We who do not understand
your ways...
O decorated city

Strange for me your kind ways
strange your earth, your sky, your streets,
strange the colour of your dusk-dawn
horizons,

the smell of your coals
the mornings of your spring
strange the ways of your people
the honour of beauty entangled in wine
fiery bodies on display in pubs...
neither love, nor faith, nor consideration...

How do people with hearts survive
in this city?

We who do not understand your ways...
O city?

GRIEF

Hasan Shakil Mazhari

What should the poet write?
Should it be a description of
someone's lovely hands
or the story of beauty's abode
or the legend of the night of separation
or an account of hair curled up
on a lovely forehead
or an account of the sorrow of the heart?

Or a discussion of
ropes and gallows?

No new fires alight...
no songs nor aches
nor hopes
inhabit the region
of the mind and heart

Your grief, my pen
is that your spirit
stagnates.

What should the poet write?
Songs of a new world
or a new spring?
Of lovely dreams and love requited?

In this night of separation...
to write of the morning of waiting?

What should the poet write?

AND THEY PAINTED ME WHITE

Kauser Parveen

Nobody told me.
I hadn't even been warned — me.
I was playing
When the big boys came over to me.
Like mother 'Don't talk to strangers'
I didn't.
They grabbed hold of me.
All six of them
The remaining one produced some paint
And painted me white.
This is the second time this has happened.
Happened to me.
Just me not any of my friends.
Mum couldn't scrape it off.
It just kept burning my skin
I'll feel inferior.
That's how I feel
After all I am black.

THE COFFIN OF DREAMS

Kailash Puri

Today,
I breathe my last...
The fine-woven sheet of memories
is my shroud!
And the coffin?
The coffin is made of my dreams.
A shriek of pain
stretches itself tight
across the skies!

I'm on a pilgrimage to the past!
I wander in an eternal hush —
Conscious and aware —
yet I seek the mirage!

Noontide...
warm and cosy
I melted in my passion.
Evefall...
dark and frightening
the moon which draws its beams from the earth,
the oceans
leave with sobs and sighs.
Burns
and consumes my body!

I kiss the echo of your words,
of your love and promises unkept.
Yes
...I lick the poison of life.

Life freezes
dreams rob the lust of living
Past becomes the end,
the destination,
and my shriek of pain
stretches across the skies.

TIME BOMB

Saqib Deshmukh

It's a time bomb.
The inevitable,
The everything you feared
And didn't want to live for.
Diss the pigs,
And don't take hand-outs —
Who's gonna be proud
Hey look what I've found
I'm sitting on a time bomb...

It's indisputable.
It's a cold fact,
That people put down
Are gonna fight back.
Take the ones who say
It's unnecessary,
Tell them that
It's one big necessity.
It's like a Cold War
In the jungle,
Eat the beast that takes the feast,
That's your first aim —
Gonna drive the White man
Out of our terrain.

It's a problem.
Another definition
Lost in fog:
I ain't no wog.
Listen to me —
You only listen when you know
I'm listening.
Diss the things
You take for granted,
How come when you're giving
I'm always empty-handed?

It's a feeling
Of double dealing,
Ace of spades,
And no pay till pay-day.
Instinction:
I know it's fiction,
But I never really wanted to
It's a song
It's a time bomb I'm sitting on…

PEARLSEED

Shamshad Khan

What oyster is this mother,
that the sand in my eye irritates?

No eyewash
as you blow
into my eye,
but
gales stir the desert.

Then,
the sands settle
and your breath cools
drenching my parched soul.

HAPPY

Ziad Rashid Bhatti

Looking back to the good old days,
New Country
New Values
New Society
New School
'Hey, Paki! You stink of shit. Go back to
wog-land because I'm a true Brit.'

'Your dad is scum, your mum is a whore.'
Always took the piss and threw stones at our door.

NF marked on my desk, NF scribbled on the board.
What could I do, I was always ignored.

Looking back to the good old days
New Phase
New Era
New Man
New Rule
'Well-spoken, well-dressed even the exams results all
    right,
But I'm sorry to say sir you're not white.'

'No work in the office, but maybe jobs on the floor.'
'Thanks, but fuck you, I deserve something more.'

Signing on the dole, in the land of hope and glory.
Wanted us then but now it's a different story.

The house is in ruins, both my parents are ill.
Looking back to the good old days
I'm only eighteen still.

WANDERINGS OF A DROP OF BLOOD

Kailash Puri

In the land of my origin
There burial is not the custom
Nor construction of a grave
The dead are burnt like wood
And lost from sight and memory forever.
But I am an exile
And living in the adopted country
Where dead are buried like treasure
and inscribed
To keep the memory of the old.
Today I have acquired
Two yards of this foreign soil
To bury alive —
Those memories, which, though dead
Still make life worth living.
The question is when?
From today onwards, then
I would live half in this grave
And half on this land
In the grave which is mine
On the land which I know not.
Half-naked half-alive
With half breath, with half soul
I survive in this whole
For this grave is not like any other grave.

FAREWELL TO ANGELS

Samir Chatterjee

In the hall of mirrors pieces of glass
like tapping footsteps of a distant dance,
lie on the floor.
As I struggle to hold them dearly close,
Your face appears: a winter rose.

I did not know you until then —
Frail but merciful to all brethren.
As you walk,
the corridors of life pay quiet respect
to the splendid isolation yet suspect.

The eastern sun has powered your mills,
In the shadows of Bethlehem hills
you sleep tranquil.
Not even the hottest stone of searing desert
disturbs your dream.

I found your peace ever so cold,
like a sparkling banquet going mould,
after a lonely party;
As my fires try to warm your waters
Deeper the sun sinks in the river.

I bid you farewell, my happy child,
Let no one interrupt your holy bliss.
Though God be warm to the meek and mild,
oil and water do not mix.

MOTHER

Samir Chatterjee

If I had to single you out among millions
in a rush-hour homebound crowd,
in a mourning procession of billions,
Do not have the slightest doubt —
I will find you.

Remembered when I was little:
living in the shadow of benevolent mass
Wanted to blossom in your style:
tender, jovial and generous —
A debt I forever owe you.

Could not cope with the crosswind storms
As the ship sailed away at night:
Saw you leaning on an island edge
Waving hands till out of sight.
Wanted to prove something to you.

Under the foreign glitter of silver
your face lay buried for long:
Anchor of my soul was there,
Samson's source is ever so strong.
My nights drank dawn from you.

High winds rage in the forest hushed,
The distant cries tear my breast;
A tall tree is felled by lightning flash
Birds have to seek another nest.
Must build a new heaven for you.

My ship is blown off the harbour
Lonely moorings lament despair;
Wash the earth's pain mighty monsoon,
The flood reaches for the moon.
Mother! Find a new anchor for me.

A LOVER'S MESSAGE

Syed Naeem Pasha

A poem,
Is the thought of you.

A dream,
Is the sight of you.

My life,
Just a passing moment;
But my eternity is with you.

IF YOU REMEMBER ME ...

Sucheta Kumar Ghosh

If you remember me when the sky is heavy with
  monsoon cloud
and mangoes ripen in the trees, do not shed tears.
Let the songs of the birds take away your grief and
  when there
is a refreshing downpour do not throttle your
  excitement.
Our closeness brought heaven nearer to earth and every
  moment
of our life together glowed like a pearl.
When the night lapses into day and the first light of
  dawn
peeps through your window do not forget to welcome it
  wholeheartedly.

Notes on the contributors

Zahir Ali

I started writing to reflect current events in my life, which, with family and friends, provided the inspiration that I desired to write with expression and feeling.

I find poetry an ideal way to explore and depict, in an unbiased way, important issues which catch my eye. In particular, I find the general unrest in various parts of the world unsettling. This coupled with my feelings of helplessness, and the self-destruction and general horror which occurs, in various parts of the world, on a day-by-day basis compelled me to express my thoughts and opinions — what better way than to write?

The time I use to write is limited, because most of my time is spent working. I often have to force myself, with great difficulty, to stop in order to rest.

Through writing I feel I can observe my surroundings with a less jaundiced approach. In so doing I have found a level of peace within myself which allows me to accept the inevitable whilst allowing life to continue but not pass me by.

Writing has been and will continue to be my means of creative relaxation.

Ziad Rashid Bhatti

I was born on the 2nd June 1967 in good ole Stockport, my parents come from Punjab in Pakistan. I went to live in Pakistan for four years of which I have good and bad memories. I suppose the best part of the country was the village life which was so picturesque and tranquil in comparison to Karachi which was a new city developing rapidly where poverty and despair was increasing.

I came back to England in 1976 and attended a number of schools before settling at Hulme Hall School followed by a short stint at the notorious Burnage School but I became disillusioned about the education system and to be honest since I was young I wanted to be involved in the film industry.

So I have flirted with a number of jobs from barman to shop assistant whilst doing a one-year course at North

Hulme Centre to gain an access certificate for Further Education. I was also involved in Camp America based in North Carolina which gave me a whole new meaning and perspective on life especially travelling through America.

I have been writing poetry for a number of years but my ambition is to be a film-maker and maybe one day translate my poetry to celluloid.

Debjani Chatterjee

I was born in my grandparents' house in Old Delhi. My father was a diplomat and so I grew up in many different parts of the world, including Japan, Bangladesh, Hong Kong and Egypt. I wish that every country was my own. I hate passports and visas.

I came to Britain in 1972 and pursued MA studies in English and American Literature at the University of Kent in Canterbury. At Lancaster my Ph.D. thesis was on 'The Image of Gandhi in the Indo-Anglian Novel'. I have taught in Manchester and Sheffield, worked in the steel industry and am presently Director of Sheffield Racial Equality Council.

My poetry and prose have been published in India and in the UK and have won several prizes, including the Afro-Caribbean/Asian prize in the Peterloo Open Poetry Competition in 1989. My poetry collection *I Was That Woman* (Hippopotamus Press, 1989), is shortly to be followed by a second entitled *The Piercing Sound*. My book of stories for children, *The Elephant-Headed God and other Hindu Tales* (Lutterworth), was selected for the Children's Books of the Year 1990. A bi-lingual anthology which I co-edited, *Barbed Lines* (Bengali Women's Support Group and Yorkshire Arts Circus), won the first Raymond Williams Community Publishing Prize in 1990.

Apart from writing, I also draw cartoons and am an arts activist. I chair Yorkshire Arts Literature Policy Group, am a director of Password (Books), serve on the committee of the Northern Association of Writers in Education and the steering committee of the Black Literature Project, and am a life-member of the Poetry Society of India.

Samir Chatterjee

I grew up in a steel township among the first generation of the post-colonial era in India. Although I dabbled in Bengali poetry during my teens, it did not see the light of day until I became a student editor of the Scottish Church College Literary Magazine in Calcutta. At that time all I wanted to do was study, teach and write Bengali.

However I was suddenly catapulted into an industrial accountancy career in Britain. I could not translate my years of misery into poetry as I was losing the touch of creative writing in Bengali. The Bengali writer within me died in Britain.

All the excitement of student revolution at the London School of Economics could not inspire my poetry in the late sixties. I became a successful community development worker in the seventies in Coventry and Liverpool and buried myself in my career. I married a German linguist and gave the name 'Kobita' (meaning poem) to my daughter.

My divorce in the early eighties forced me to start life all over again. I joined the Liverpool Writers' Club and met many amateur writers for the first time in Britain. I have been writing poems since then about anything that moves me deeply.

As a senior community education officer in Rochdale I helped to organize the first Rochdale Writers' Festival. I believe that the essential ingredients of good poetry are music, picture and tender thoughts and there are plenty of these in the Asian existence in Britain.

Saqib Deshmukh

One of the things that I've figured out which makes writers different from normal people is that we have to write biographies! I'm not into this self-promotion stuff but here goes... I used to be a regular Asian youth till by accident I got into writing and performing and now I'm dislocated from my humble origins.

I don't really like this poetry stuff either — it's just that I feel that it is important to say the things that I'm saying about racism in this country and the lives of Asian people. Oh yeah...the shit about me. I'm twenty-three and a part-time youth worker. I also work with the young funky outfit Aajkal Theatre. In my spare time I like to eat and DJ.

Yasmin Farooq
I am married, with two young children, Zana and Faroz. I was born and brought up in Azad, Kashmir. I came to England in 1977 where I was supposed to continue studying for medicine, to fulfil my childhood ambition to become a doctor.

However, my pre-medical qualifications obtained in Pakistan were not accepted in this country. This led me to explore other areas and eventually I became attracted to social work. In 1981 I joined Sheffield Family and Community Services Department as a social worker and for the last ten years this is what I have been doing. I do not regret not being able to study medicine as I find my present job very satisfactory. Enabling people to come out of dependency is very rewarding. Its variety makes the job interesting.

Besides this I have some voluntary roles in the community, e.g. I am a member of the Social Security Appeals Tribunal and also a vice-chairperson of a local school's governing body.

Issues outlined in my poem 'Is Biology My Destiny?' have been a continuous struggle for me but I seem to have overcome some of them. Some remain an ongoing concern. I have not given up and I hope to convey my message through writing.

I enjoy reading books particularly by fellow Asian women. I find a lot of encouragement, support and strength from reading their painful but successful stories.

Sucheta Kumar Ghosh
I was born in Calcutta, India, in the year 1928. I did my schooling at the Scottish Church Collegiate School, a missionary school, from where I matriculated in 1943. I later attended Calcutta University and gained a degree in commerce in 1948. Thereafter I became articled with an accountancy practice in Calcutta, and in 1953 I came to England to study further for an accountancy qualification.

I qualified as an accountant in the year 1958.

I returned to India in 1959 and worked there until 1965, when I returned to England and settled here. After working for several years as an accountant, I decided that my interest lay more with the arts than with commerce and it was then that I started to write poetry.

My interests are in sports and music. I am married.

Anita Kumari Kapila

For me writing is a great pleasure and hobby. When I left school I started work with the Royal Bank of Scotland, and enrolled myself onto poetry classes which I attended for two years. I left work in 1986 to have my first daughter Atina, and later that year joined creative writing classes at Manchester University's Extra-Mural Studies. I attended these for two terms. In 1988 I started to teach 'homestyle' Indian cookery, taking two classes a week. In 1989 my second daughter, Tara, was born, and I became a presenter on BBC GMR's Asian show 'Jhankar'. This was a great experience as the show went out live every week. During the last two years at 'Jhankar' I have had the opportunity to meet a lot of people and organize and host three charity events. Two of which were Children in Need, and one was to raise money for a hospital being built in Kerela, India.

Also in the last year I had the opportunity to take part in a six-part drama serial for Channel 4 as an 'extra'. This was an 'experience', the shooting took place in the heat of last summer and a five-minute shot took an age to take. The phrase 'patience is a virtue' was never tested more by myself than it was that summer of 1990.

To finish off I think the most enjoyable part of my life is to look after my children and my role as home-maker for the family is complemented with a wonderful husband who encourages me to develop myself to the full in everything I want to do.

Misbah Khan

I was born in Kenya. I have a beautiful son, who suffuses my life with many happy moments, he is the strong purpose of life for me, the reason for writing many children's stories based on my experiences in Kenya, which I hope to publish in future.

I worked as a secretary to a Member of Parliament for a few years. I enjoyed my work as it brought me into contact with many interesting people. At that time I became interested in book-keeping and studied accounts. I then worked as an assistant accountant for a few years; while dealing with overseas clients I had an opportunity to teach accounts abroad, and with my family moved to sunnier climates. I found teaching an enjoyable experience and on my return to Britain held various part-time teaching posts.

I endeavour to combat oppression and am currently actively involved in many community groups. I work for Rochdale local authority, exploring educational and vocational needs of black women and making appropriate responses.

Shamshad Khan

I am a black Asian writer. Born in Leeds, Yorkshire. Writing has always been an important way of expressing myself. I have in the last couple of years been involved with Cultureword which has given more direction to my work. This is the first publication of my work, excluding publication of work in *Identity* writers magazine. I have also performed both with Identity writers and singly. Performance has given my work a new dimension. I am working on short stories and would like to publish a collection of my poems.

I work as a deputy manager at the Citizens Advice Bureau, having trained as a biologist and decided against teaching.

Hasan Shakil Mazhari

I was born in the small market town of Bihar into a family which was well renowned for its literary activity and had a long-standing tradition of literature and poetry. My father, grandfather and great-grandfather were all accomplished Urdu poets and writers. Their works are still held in high esteem by the critics. I deviated from the family tradition and took up medicine. After graduating in medicine, I started my working career in India as a medical officer and served in various parts of the country, but in search of greener pastures I emigrated to the UK in 1973. After going through various hospital appointments and working in such beautiful places as Exeter and the Isle of Wight, I finally settled down in Manchester as a GP. Since 1982 I have been working in Clayton as a GP.

In all those years that I have been wandering around, the genes of poetry which I inherited from my ancestors never laid dormant. I have been writing for years. Some of my work has been published in various magazines in India and a few in the UK. Besides writing — my hobbies include reading religion, philosophy, and the paranormal which are my favourite subjects.

Like everyone else, I have a dream. I dream of a world where people can live in harmony; where colour, class or religion do not incite hatred. Where innocent people are not killed by a few lunatics who are hungry for power and glory.

Kauser Parveen
To sum up my present feelings and go along with the words of a song by Bob Marley and Marcia 'Young, Black and Talented', I'm young, black and doubt begins to settle in when the word 'talented' comes in.

I admire people who have a strong character, have a sense of humour and above all a person's principles and morals in life. This particular poem was based on a true-life experience, which I heard on the radio; I found it crude yet in a cruel way amusing; I felt I couldn't leave such an issue and have it swept beneath the carpet.

The people I greatly admire are Malcolm X, Mother Theresa, Mohammed Ali, Martin Luther King and Nelson Mandela; people who've all achieved something and made possible 'change'.

My ambition is to have a book of poetry published, and I am currently writing my sixth poetry book which yet remains untitled. I greatly believe in the words Malcolm X has used, such as: 'There is nothing more frightening than ignorance in action', and 'Nobody will know who you are, until you know who you are.'

I presently hold strong feelings against a leading department store who I have accused of racially discriminating against me; my ultimate ambition is to succeed in this recent escapade and hope 'to win a battle without fighting'.

Syed Naeem Pasha

Wise words alone have never made a difference to reality, but the realization they cause can change a whole world. I couldn't say anything about myself or my work without thanking the almighty God for giving me inspiration to write.

I am a great believer in poetry as a means by which the soul can be in touch with the mind. That is why I try to bring as much mysticism into my work as possible, because to me, the soul understands mystery.

Civilization, as we know it, has travelled a long way but these days we seem to be turning away from certain mythological ideas which traditionally have meant so much to mankind. In 'The Silent Preacher', I have tried to portray the world we live in from a point of view which stands independent from where we are. The chief character in this poem stands alone and gives his impression on our world and us. He tries to show us how lost we are in our own dealings and how far we are from each other with distance caused by our own selfishness. The word 'preacher' is a very powerful term. I believe, to be a preacher one must be fully aware of hypocrisy, for a hypocritical preacher is blind to his own beliefs. The wisdom and knowledge found in this character is found in his silence and solitude. That is why I had to name the preacher in this piece of work 'The Silent Preacher'. I hope the reader will appreciate the severity of its depth and try to render his or her own feelings out of this poem.

The other piece of my work included in this book is a short poem called 'A Lover's Message'. In these few lines I have tried to reflect the link between love and its connection with eternity. An idea that has been inherited from generation to generation but which still holds a magic today as it did when the first lover sent his message.

Although I have spent most of my adult life in England, I have also travelled to other countries from where I have gained knowledge on different ideas that can be used to best express my work. Much of my inspiration, however, has come from certain people I have met. Some have left very deep impressions on myself as well as my work. I hope you will find as much joy in reading my poems as you will find, I'm sure, in reading the works included by other poets in this book.

Kailash Puri

My writing career started in 1957 as chief editor of the Punjabi magazine *Subhagwati*. While editing and writing features under a pseudonym, on health and beauty, marital problems, cookery and good housekeeping, short stories and poetry emerged.

My first book of short stories was published in 1959 — followed with poetry collections — *Bibini*, *Lahu da Safar*, *Wanderings of a Drop of Blood*, and *Na Seema Na Samati* ('Without Barriers'). I have had three more short story collections, novels and sexology (ten books) published — twenty-five books to date.

We arrived in England in the spring of 1966 after having spent six years in Nigeria and Ghana (West Africa). Much fascinated by the landscape, friendly nationals, their culture and family pattern, I researched in the Africana Library and published *The Black Bead*.

My writings on sexology shocked the readers and writers alike and created a great furore demanding that the magazine *Qoumi Ekta* (Delhi) must refrain from publishing anything on a subject which was and still is a taboo in Indian society. It was almost like 'Satanic Verses' and I was being persecuted with Fatwa. The editor saved himself from the wrath of the religious leaders. He declared a referendum to vote for or against Kailash Puri's column. The readers voted overwhelmingly for the continuation of my column stating that for the first time ever they had been given the opportunity to enlighten themselves without feelings of guilt, smuttiness, or suffering accusations of being obsessed with sex.

My first cookery book *Highlights of Indian Cookery* was

published in 1963. I have had the privilege of being the Indian Food consultant to Marks & Spencer, visiting lecturer/demonstrator to Leith School of Food and Wine (London), and to the Multi-Faith Centre in Birmingham. Another part of my life is being a yogi. I have been running Crosby Yoga Centre since 1973 specialising in relaxation therapy. I have also been featured in *The Sunday Times Magazine*, the *Observer*, *The Guardian* and other national papers.

I am an 'Agony Aunty' and this keeps my mornings busy with the mailbag. Most Asians prefer to share their problems and seek advice by the telephone as they are not supposed to receive letters from strangers.   I receive many requests to address social organizations, radio and TV, to share my experiences and cultural problems of the Asian community.

Awards: Bhai Mohan Singh Vaid Literary Award 1983; Woman of the Year 1984; Prerna Poetry Award 1987; Supreme Literary Award (Punjab Government); Shiromani Sahitkar Award (Delhi) 1988; and Personality of the Year Award (Khalsa College, London) 1989.

Kanta Walker

I have been writing poetry since the age of seven. I like to write poetry because I can fit it in my spare time. As I am a painter I like the visual aspects of the language I use. My writings include short stories, fiction, essays and poems.

When my paintings were touring during the year 1989/90 I read some of my poetry in conjunction with the paintings. I have many and varied interests and won a Churchill Fellowship in 1985. In 1987 my first novel *Sare Mare* was published by Pandora. In 1989 I judged the Constable Trophy, and represented the north west on the panel.

In 1988/89 I had a residency at the National College of Arts Lahore, later I exhibited at the Alhambra Art Gallery and read my Punjab poems which won much acclaim. Recently I won the Cultureword short story competition.

Since September 1990 I have been running Chorlton Park Adult Education Centre and taking a class on women and community writing.

My poems deal with social, political and economic aspects of life as they affect black women living in Britain.

About Commonword

Commonword is a not-for-profit community publishing co-operative, producing books by writers in the North West, and supporting and developing their work. In this way Commonword brings new writing to a wide audience.

Over a period of fourteen years Commonword has published poetry, short stories and other forms of creative writing. *Flame* is the tenth title to be published under the Crocus imprint.

In general, Commonword seeks to encourage the creative writing and publishing of the diverse groups in society who have lacked, or been excluded from, the means of expression through the written word. Working-class writers, black writers, women, and lesbians and gay men all too often fall into this category.

To give writers the opportunity to develop their work in an informal setting, Commonword offers a variety of writers' workshops, such as Womanswrite, the Monday Night Group, and Northern Gay Writers.

Cultureword, which is a part of Commonword, and which acts as a focus for Asian and Afro-Caribbean writers, organises the Identity writers' workshop. Cultureword also co-ordinates *Identity* magazine, and a writing competition for black writers.

In addition to writers' workshops and publishing, Commonword offers a manuscript reading service to give constructive criticism, and can give information and advice to writers about facilities in their immediate locality.

Commonword is supported by: the Association of Greater Manchester Authorities, North West Arts and Manchester Education Committee.

The Commonword/Cultureword offices are at Cheetwood House, 21 Newton Street, Manchester M1 1FZ. Our phone number is (061) 236 2773. We would like to hear from you.

ایشیائی شعرا کا اُردو اور انگریزی مجموعۂ کلام

شعلہ

کامن وَرڈ کلچر وَرڈ لمیٹڈ، مانچسٹر، یوکے

CROCUS

شُعلہ

کتابَت: بِرّی میٹروٹرانسلیشن سَرِسز، ترجمہ: علیشان زیدی'

"شُعلہ" کے جملہ حقوق بحق کامن وَرڈ کلچر وَرڈ اور مُصنفین کے نام محفوظ ہیں'

فہرست

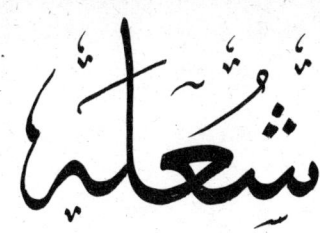

شعلہ

" شعلہ " نئے اور پرانے ایشیائی مصنّفین کی اردو اور انگریزی نظموں کا انوکھا مجموعہ ہے، اس میں پندرہ نامور شعرا نے محبّت، خاندانی زندگی اور نسل پرستی کے مشترک موضوعات پر منفرد اسلوب میں لکھا ہے:

حرفِ ناشر:

تم میری طرف
آندھیاں روانہ کرتے ہو
لیکن میں سروقد اور اونچی ہوں
میں بید کی طرح مڑتی ہوں
ٹوٹتی نہیں " قوّت "

کیلاش پوری

" شعلہ " ایشیائی شعرا کے اس پر زور اور تیکھے کلام کا مجموعہ ہے، جسے برطانوی معاشرہ نظرانداز کرتا رہا ہے، اس میں نسلی تعصّب کے فرسودہ رجحانات مختلف انداز اور اسلوب میں نظر آتے ہیں، ایک گروہ کے بارے میں شاعری جیسے پر زور اور تخلیقی واسطے کے ذریعے ان کے احساسات ان کی اپنی زبان میں سننے سے بہتر اور کیا ہو سکتا ہے

دبجانی چیٹرجی اور ثاقب دیش مکھ کے اسلوب میں تنوّع ملاحظہ ہو:

تو جو تہہ دار کھال کا جنگجو سپاہی ہے
تو جو ماقبل از تاریخ
فسانے سے اٹھا ہے

تو جو متزلزل بدلتی زمین پر
ٹھوس قدموں سے کھڑا ہے
تیرے توام ییٹنگ
ہماری پُر شور تہذیب کی طرف

"گیینڈا"

دیجانی چیٹرجی

"شعلہ" اُردو اور انگریزی دو زبانوں میں لکھی گئی ہے، اُردو برطانیہ میں ایشیائی لوگوں کی تقریری اور تحریری زبان ہے، یہ منصوبہ ایسا چیلنج تھا جس کا ہر مرحلہ نقد وجرح سے تپش پاکر "شعلہ" بنا، ایک ایسی کتاب جس نے ایشیائی شعراء کو قومی ادبی اُفق پر لا کھڑا کیا؛

ہم مجلسِ ادارت کے ممبران شیرل مارٹن، علی شان زیدی، زمان طاہر، مصباح خان اور نوری مغل کے تعاون کے ممنون ہیں۔

نسیم حسن
کامن ورڈ، کلچر ورڈ

مترجم کا نوٹ :

تفریح کے لئے کوئی نظم پڑھنا کچھ اور ہے" اور ترجمے کے لئے پڑھنا کچھ اور...... ترجمہ کرتے وقت ضروری ہوتا ہے، کہ نظم کو کُل جزو پڑھ کر اس کی خامیوں اور خوبیوں کو پرکھا جائے" اور ان کو ترجمے میں قائم رکھا جائے، اس مجموعے میں پندرہ شعرا کی نظموں کا ترجمہ کرتے وقت مجھے ان کے مختلف اسلوب کا خیال رکھنا پڑا، اس مجموعے کی زیادہ تر نظمیں" انگریزی میں لکھی گئی تھیں" سوائے حسن شکیل مظہری کی دو نظموں کے جو اردو میں لکھی گئیں اور جن میں روائتی اشارات اور علامات استعمال ہوئیں" جن کا انگریزی میں ترجمہ مشکل تھا" امید ہے، کہ ان کی ان دو نظموں کے ترجمے مؤثر ہیں؛

اس مجموعے کی نظموں میں تجربے اور مشاہدے کا ایک مشترک پرتو ہے" جو ان کو آپس میں منسلک کرتا ہے" اس کتاب کا ترجمہ کرتے وقت میں نے ان ایشیائی اور افریقی" نژاد شعرا، سے اپنے آپ کو بہت نزدیک محسوس کیا، جن کے ساتھ میرے بہت سے تہذیبی اور جذباتی تجربے مشترک ہیں"؛

علیشان زیدی

مترجم کے بارے میں :

علی شان زیدی ۱۹۴۱ء میں حیدرآباد دکن میں پیدا ہوئے تھے" وہ آج کل روچڈیل میں بحیثیت ہیڈ آف کمیونٹی لینگویجز کام کر رہے ہیں" ان کی مختلف تصانیف پچھلے برسوں میں شائع ہوئی ہیں" جن میں علاوہ مضامین" کہانیوں وغیرہ کے جدید نظموں کا ایک مجموعہ "کاسۂ روح" شامل ہے، جو ۱۹۷۰ء میں شائع ہوا تھا؛

"قوت"

کیلاش پوری

تُم میری طرف
آندھیاں روانہ کرتے ہو
لیکن میں سروقد اور اونچی ہوں
میں بید کی طرح مُڑتی ہوں
ٹوٹتی نہیں
تمہارے طوفان شاخیں توڑ سکتے ہیں

میرا جسم نیند کے لئے درد کرتا ہے
لیکن تمہاری حقارت آمیز ٹمٹمنگی بیکار ہے
میں کراہتی ہوں لیکن کبھی روتی نہیں
تم زندگی کے انعاموں سے مجھے للچاتے ہو
اور مجھے بھٹکانا چاہتے ہو
لیکن میں تمہاری زہر آلود مسکراہٹوں کو رَدّ کرتی ہوں
میں غلطیاں کرتی ہوں
لیکن بہکتی نہیں

گینڈا

دیبجانی چیٹرجی

ھ کو دیکھنا یوں ہے جیسے
زار سال کا جھٹکا مجھے پیچھے ڈھکیل دے
یا میں اور تُو ،
ی بھی زمان و مکان میں
تراک رکھ سکتے ہیں " ؟
جو تہہ دار کھال کا جنگجو سپاہی ہے
جو ماقبل از تاریخ
سانے سے اُٹھا ہے
جو متزلزل بدلتی زمین پر
وس قدموں سے کھڑا ہے
برے توام سینگ

ہماری پُرشور تہذیب کی طرف
دو انگلیوں والی گالی کی طرح اُٹھے ہوئے ہیں
تیری تہہ در تہہ پتھریلی تختیوں کا
گنگ اور ناقابلِ نفوذ حُسن !
احساس سے عاری تیری آنکھیں
کیچڑ کے گڈھوں سے ہم کو دیکھتی ہیں
جہاں ہم نے تجھ کو محدود کر دیا ہے
نشانہ باندھتی
انسانی آنکھیں
تجھے کٹہرے اور بندوق کی نالی کے پیچھے سے
گھورتی ہیں

تیری بقا کا اِنحصار
اَب صرف تاریخ کے ایک لمحے پر
مبنی ہے
تیری جھُریوں دار
سنگوارہ آنکھیں
بند لگتی ہیں
لیکن تیرا متحرک منہ
ایک مونا لیزا کی مسکراہٹ میں
کِھنچا ہُوا ہے ! ٭

انتفادہ

ظہیر علی

ھنڈا اُٹھا کر میں، صبح سویرے
وار کے نیچے پہنچ گیا
بیس کا نشانہ باز
ھے دیکھنے کے لئے آیا
ں منظر میں بکتر بند گاڑیاں
ر ٹمپل ماؤنٹ تھا
ی نے مجھے وہاں سے نہیں ہٹایا
لیوں کی بوچھاڑ میرے پیروں کے پاس سے گذری
ک گولی میری گردن کے باز سے بھی گذری
م گرے صرف ایک دو نہیں
ب سنکڑوں بھاگے تو میں بھی بھاگا
ھمارے پیچھے دوڑے
ں نے اس کی سرد بندوق اپنی ریڑھ پر محسوس کی

میں نے نیچے دیکھا اوپر دیکھا
خدا کا دروازہ بند رہا
پچاس سال کا قبضہ ...
انصاف اور صبر تھک گئے
اقوامِ متحدہ کے دروازے پر میں لاچار کھڑا رہا
میری قوم بے گھر اور بے زمین ہوئی
میری اُمیدوں کا قتل ہوا
میں نے جہنم کا سامنا کیا۔ اور پھر کروں گا
میں اِنتفادہ محسوس کرتا ہوں
کیا تم میرے درد کو سمجھ سکتے ہو

آتش فشاں

سمیر چٹرجی

کل میں تمہارے افسوں میں
بُری طرح پھنس گیا تھا
(ایک مچھیرا جو اَن دیکھے پانیوں کے
نیچے اُپنی ڈور کو ہاتھ میں رکھنے کی
جدوجہد کر رہا تھا)
اَب جو مَیں بار دیگر تم کو دیکھتا ہُوں
تو مجھے زیرِ سطحِ آب ایک مگرمچھ نظر آتا ہے
تمہاری چکناہٹ مشرقی ریشم کو مات کرتی ہے
اِنچ میں گزوں کو سماتی ہے
تمہارے خوش نُما جبڑوں کے پیچھے
بہیمانہ طاقت چھُپی ہے
اُپنے شکار کی رگوں میں تم کِس خُوبی سے
زہر پیوست کرتے ہو

تم عوام کی مدد کرنا چاہتے ہو
لیکن اس وقت جب محتاج و نادار تم کو
بادشاہ مان لیں
تاج سر پر درست بیٹھا رہے
لیکن اگر مغرب کی پروائی ہوا تمہاری طرف
چلی ... تو تمہارے اعصاب کے
دس لاکھ پُرزے بکھر جائیں گے
اَندر جو مشین ہے وہ بغیر توقف کے
چل رہی ہے
ٹریکٹر گھاس کی ہر پتی کو نابود کرے گا
اسی طوفان کی طرح جو ہر ذی روح کو شرابور کرنا چاہتا ہے
تم اوپر سے مسلسل نازل ہوا ہے ہو
کیا یہ ضروری ہے کہ تم زمین پر

پی "محبت" کی تخم ریزی ہمیشہ کرتے رہو!
س مثالی شہر کے لئے تم جیتے ہو
د تقریریں تم چیخ چیخ کر کر رہے ہو
د ضخیم کتابیں تم لکھ رہے ہو
یہ سب برُوٹس کے خون سے داغدار ہیں
دوم کی صبح کے چمنستان میں یہ سب کچھ
فن ہو چکا
لیکن آتش فشاں کبھی پُر امن، پُر سکون خاتمہ پسند نہیں کرتا
ہمای کہکشاں کی اقلیم کو جن جن ستاروں نے نہیں مانا
ن کو بجھنا پڑے گا
ہارے غصے کا لہو پہاڑ کے خون کو سُرخ تر
ر رہا ہے
س کم تر مخلوق پر تم گزارہ کرتے تھے
تمہاری آنتوں سے اس تیزی سے نکلے گی
س تیزی سے تم نے اُسے نگلا تھا
نتھر کے پگھلنے کے بعد

آخر خود آتش فشاں کے پگھلنے کی باری آئے گی
مَوت کا سانحہ اچانک رُونما ہوگا
تمہارا گوشت بڑی آہستگی سے
تمہاری ہڈیوں سے جُدا ہوگا
تمہاری زندگی کی آخری کتاب پر
تمہارے خون کی دستخط ہوگی
ایک دن
تمہارے جانے کے بہت بعد
یہاں جہاں تم کھڑے ہو
ایک نیا دیہات اُٹھے گا
جس کو مساوات آزادی اور خوشحالی حاصل کرنے کے لئے
تم جیسے مشفق کی ضرورت نہیں ہو گی

کِھیتش

دیجانی چیٹرجی

دَندناتی ہُوئی مَیں
بے ترتیب کمرے میں آئی
جس کا دَروازہ ایک چول پر
اٹکا ہُوا تھا
اَور میری ٹکّر اس سے ہُوئی
جو باہر آ رہا تھا
ننگے پیر، لُنگی گھٹنوں سے اُوپر تہہ کی ہُوئی
کِھینتش نے مجھے اپنی استخوانی جکڑ میں لے کر
بُھوری آنکھوں سے دیکھا
ھمارا یہ نوکر جو
جو ہڑدنگ اَور نالائقوں کا بادشاہ تھا
جس نے مجھ پر مہمات کے کئی دَروازے کھولے تھے
مَیں نے اس کو پُر اُمید آنکھوں سے دیکھا

اِس لیئے کہ وُہ ہمیشہ مجھے خزانوں کی کنجی دیا کرتا تھا
جو مَیں اپنے کمرے میں لا کر بکھیرتی تھی
اس کی جیب سے سال کی لکڑی کا بنا ایک لٹّو نکل کر
میرے حریص ہاتھوں میں آ گیا
"صرف روغن کی ضرورت ہے" کِھیتش نے کہا
"پھر دیکھو تماشہ ننھی گڑیا"
مَیں نے لٹّو ہَوا میں لہرا کر ڈوری واپس کھینچی
جیسے کوئی نٹ گر میز پر سے کپڑا ہٹا کر اپنا کمال دکھاتا ہے
"واہ" ۔ مَیں نے اس کو تعریف سے دیکھتے ہُوئے کہا

یونین جیک کے جھنڈے میں کالا رنگ نہیں ہے

ثاقب دیش مکھ

سنو دوستو! یونین جیک میں کالا رنگ نہیں ہے
اس لئے کہ صاحبِ اقتدار کے یہاں
ہمارے لئے کوئی جگہ نہیں ہے
فقط ہجرت بالجبر
اب ورود نہیں ہو سکے گا
یونین جیک میں کالا نہیں ہے
پوچھو اور ہینڈز ورتھ جا کر دیکھو
وہاں کا جوان تم سے کہے گا کہ پولیس
ہمیشہ منشیات کے بارے میں استفسار کرتی ہے
لیکن جب نسلی حملے ہوتے ہیں
تو پولیس پیٹھ پھیر لیتی ہے
یونین جیک میں کالا نہیں ہے
یہ بات کبھی ان عورتوں سے کہو

جن کی مُلازمتیں چھین لی گئیں
اس لئے کہ وہ کالی ہیں
اور اپنے بچوں کے لئے ان کو پیسے کی ضرورت ہے
لیکن وہ ان کی زبان نہیں جانتیں اور نکالی گئیں
حکومت کو تم سے کوئی سروکار نہیں
وہ تم سب کو نکالنا چاہتے ہیں
وہ کیوں تم کو کام دیں
تم لوگوں کی اول ہی یہاں بھرمار ہے
یونین جیک میں کوئی کالا رنگ نہیں ہے
یہ کولن روچ سے کہو جو
اسٹوک نیونگٹن پولیس اسٹیشن میں مارا گیا
پولیس نے کہا وہ تشدد کر رہا تھا
لیکن دیکھو مارا کون گیا!

کالا آدمی یا پولیس مین!
اور کتنے مارے جائیں گے
اس سے پہلے کہ ہم نسلی غلطیوں کے
خلاف جنگ کریں!
یونین جیک میں کالا نہیں
میرے خیال میں میک گریگر اور سیکر کو پتہ ہے
کہ جب وہ سفید سکول اور کالے سکول بنائیں گے
تو تعلیمی تفریق ایک حقیقت بن جائے گی
اور جو بچے ناکام ہوں گے وہ کالے ہوں گے
اور جو بچے ناکام ہوں گے وہ مزاحمت کریں گے
یونین جیک میں کالا نہیں ...
مسٹر فاشسٹ کہتا ہے
جب وہ فلیٹ جلاتا ہے
اخبار کہتا ہے جب وہ کالوں کو مطعون کرتے ہیں
مسز تھیچر کہتی ہیں
اس لیے کہ وہ چاہتی ہیں ہم چلے جائیں

لیکن مسز تھیچر میں یہیں پیدا ہوا تھا
میں کسی اور ملک کو نہیں جانتا
وہ کہتے ہیں ہم ان کے تمدن اور برٹش طریقہ زندگی
کو تہس نہس کر رہے ہیں
"برٹش طریقہ زندگی" جس نے تاریخ میں کالوں
کی زمین اور دولت لی ہے اور خلفشار پھیلایا ہے
اور ان کو کمتر جانا ہے
اور ان کو نظر انداز کیا ہے
اس لیے کہ یونین جیک میں کالا رنگ نہیں ہے
اس لیے کہ یونین جیک میں کالا رنگ نہیں ہے
اور اب ہم جانتے ہیں کہ
اب پلٹنا نہیں ہے
اب پلٹنا نہیں ہے

حقیقت

دبجانی چیٹرجی

یہ ایک حقیقت ہے کہ
اکثر و بیشتر لوگ غُربت کی لکیر
سے نیچے
نا اُمیدی کے نرک میں رہتے ہیں
یہ ایک حقیقت ہے کہ
"دُنیا نا انصاف ہے" کسی اخبار کی
سُرخی نہیں بن سکتا
یہ ایک حقیقت ہے کہ
ہم آخری سرحد پر پہنچ رہے ہیں
کیا کسی کو اس کی پرواہ ہے؟
حقیقتاً؟

رکشا والا

انیتا کماری کپیلا

پیشاب خانوں کی تیز کھراند
دن کی گرمی اور خاک کے درمیان
راستہ بناتی ہوئی
رکشا والے
اس کھراند سے بے تعلق
وزن کھینچتے ہوئے
زندگی کا نمک

عضلات سے
ایک روپے کی خاطر
خارج ہوتا ہے
رنگ برنگی ساریاں
سلک، شفان اور جارجیٹ کی ساریاں
سڑک پر جھنڈیوں کی طرح ایستادہ

چہرے سانولے، گہرے سانولے، تاریک
کتنے چہرے، کتنی ذاتیں
گجراتی، بنگالی، پنجابی
برہمن، کھتری، اور وہ
واہ! کیا ملک ہے

"فلسطین کے رفیوجی کیمپ کی دُختر"

ظہیر علی

مَیں ایک ایسی دنیا کے خواب دیکھتی ہُوں
جہاں میرے گیت بامعنیٰ ہُوں
جہاں راتوں کو ماہتاب نرمی سے چمکے
جہاں سُورج کی رَوشنی خرابوں پر نہ پڑے
ایک گھر چاہیئے مجھے . . .
ایک چھوٹے باورچی خانے والا گھر
اُور گلابی صُبحیں
اُور مساوی زمانے . . .
لیکن ویسٹ بینک کی مقدس پہاڑیوں
کے دامن میں ایک رفیوجی کیمپ کی
ایک لاچار دُختر . . .

فوجی آکر میرے بھائی کو لے گئے
اس کی آنکھوں پر پٹی باندھی
اس کے ہاتھ پیچھے باندھے
اس کے دست و بازو پر کاری نشان لگائے
اس کی جلد پر سگریٹیں بجھائیں . . .
جب وہ واپس آیا تو میری ماں رونے لگی
باپ کے سینے پر بندوق داغی
اس پر دہشت گری کا الزام لگایا
آہستہ آہستہ میرا خاندان مختصر ہُوا
درندوں نے میری ماں کے بال کھینچے
وہ دلدوز چیخیں جن کو دنیا نہیں سُن سکتی

میرے دنوں کو بھاتی ہیں

زمین بھری ہے۔ آسمان نے دیکھا لیکن کچھ نہیں کہا

اسکول مارچ میں مَیں نے اپنی مٹھی

ہوا میں بلند کی

جانور نے بندوق میری طرف تانی اور

میری کلائی موڑی

مَیں کسی سڑیلے خدا کے آگے ہاتھ نہیں

پھیلاؤں گی

میرا خوف ایک سُست رَو موت کا قرض ہے

اے تکلیف واپس آ

اے بے پایاں اندھیرے، صبح کو آنے دے !

قابلِ استعمال جنس

مِصباح خان

ں ایک ایشیئن عورت ہُوں
ب سے نچلی سیڑھی پر
پنوں اور غیروں کے ہاتھ پسی ہُوئی
سفید آدمی کہتا ہے :
ہم کو ایک ایشیئن عورت کی ضرورت ہے
م کو کالے تناظر کی ضرورت ہے
م نے کبھی تُم سے مشورہ نہیں کیا
م یقیناً ہماری تائید کرو گی
ں ایک ایشیئن عورت ہُوں
پنے بچوں کے لئے فکرمند . . .
ں نے لوگوں کی مدد کی ہے

مَیں نے بڑے وقار سے تکلیف اُٹھائی ہے
پھر بھی . . .
مَیں ایک قابلِ استعمال جنس ہُوں
مَیں ایک ایشیئن عورت ہُوں
ہمیشہ دینے والی جس کو کبھی کچھ نہیں ملتا
مجھے دھوکا دیا جا رہا ہے
کالا انسان کہتا ہے
"ہم کالوں کو پتہ ہے کہ معاملہ کیا ہے
لہٰذا تم ہماری تائید کرو
میرے پیکر کو اُبھارو
مجھے سہارا دو

مجھے سیڑھی پر اُوپر چڑھاؤ ۔ ۔ ۔"

اُس کے باوجود

مَیں ایک قابلِ استعمال جنس ہُوں

مَیں تمہاری تکلیف کی نکاسی کا راستہ ہُوں

مَیں اپنے درد کو روکتی ہُوں

تمہاری پیشانی پر ہاتھ رکھتی ہُوں

تمہارے اعصاب کو سکون دیتی ہُوں

رات کے اندھیرے میں مَیں

پاتال میں پہنچ جاتی ہُوں

دُکھتے جسم اَور اشک بار دل

اَور خاموش خیالات کے ساتھ

مَیں ایک سمندر ہُوں

میری وسعت کو دیکھو

پھر بھی مَیں ایک قابلِ استعمال جنس ہُوں

مَیں ایشیا ہُوں

مَیں اپنی وسعت کا اعلان کرتی ہوں

مَیں نے اپنے آپ کو پا لیا ہے

مَیں افریقہ ہُوں

تم مجھے استعمال نہیں کر سکو گے

مَیں ایک ایشیئن عورت ہوں

سمندر کی طرح باوفا

مَیں ہمیشہ اپنے ساحل پر پہنچوں گی

ذرا میرے ساتھ احتیاط برتنا

مَیں قابلِ استعمال نہیں رہی

برف کے گالے

ظہیر علی

برف کے گالے
اُوپر نیم تاریکی کی کیفیت
بادل مدہوش بھاگتے ہُوئے
سورج سو رہا ہے
تند آندھی سنزا دے رہی ہے
برف کے گالے
میرے ہاتھ پر اُتر رہے ہیں
آؤ جنگلوں کو ڈھک دو
جہاں خزاں نے پتّے گرائے ہیں
اُترو اُترو . .
آسماں سانس روکے کھڑا ہے
زمین سفید نیچے ٹھٹھر رہی ہے
اور ماہتاب سکون میں ڈوبا ہُوا ہے
اترو اترو برف کے گالو
میرے ہاتھ پر اترو

بیٹا

ظہیر علی

بھائی چارے کی تمام گفتگو
کا لبِ لباب ہے
نفرت حقارت تنگ نظری کمینگی
جب تم پہلی بار اِن باتوں سے
دوچار ہونا
تو کچھ توقع نہ رکھنا
اِس محیط میں کیا کچھ نہیں ہے
اُدبی بھانڈ اُور نسل پرست لوگ
اُور دھوکے باز دوست خالی ڈھول بجاتے ہوئے
تم آنے والے دِنوں کی اُمید ہو
تم ان کو بتا دینا کہ
تم ان سے بہتر ہو

باپ کی طرح سمجھدار بنو اور ماں کی طرح مہربان
تمہاری کاپی سے پھاڑا گیا کاغذ
تمہارا امتحان لینے کے لئے تھا
اقتدار کا ناجائز مظاہرہ
بہرحال یہ اِنسانی معاشرہ ہے
اُور ہم اس کا حِصّہ ہیں

تحریک

دیجانی چیٹرجی

باورچی خانے کی میز پر
لِکھی گئی یہ نظمیں
گویا چھِیلی ہُوئی تہوں سے
مُنکشِف ہوتے الفاظ
نرم و سخت . . .
اَور فضا میں ہلدی کی موہوم سی مہک
صَابن کے بُلبلے
سُورج اَور لمحوں کی گرفت کرتے ہُوئے
گویا عکس نُما کے اَندر بدلتے متحرک
اِنتظام کا اظہار
کالی مرچ کی ایک چُٹکی
جادو کی چھڑی مائِل بہ زندگی
روزمرّہ کے شاعر . . .
گھروں کے معمار

امواج

وجانی چیٹرجی

خبر : برطانیہ جزیرہ نہیں رہا
گئی رات کی یہ خبر سن کر کان کھڑے ہوئے
یوروپین اتحاد اور "یوروسپیک" اب سب کی بولی ہے
ختم ہوتا سال لپک کر اگلے سال سے
دوچار ہونے والا ہے
نیا سال جس کے تمام گوشوں سے
"پرلیسٹرائکہ" کا قالین بچھا ہے
اور نیچے چینل ٹنل ۱۹ کیطرف سُرنگ بڑھا رہا ہے
یوروپ سے متصل ہو کر ہم
افریقہ سے متصل ہو جائیں گے ...

اور ایشیا سے
لہٰذا خوشامدید برطانیہ! دنیا کی برادری میں خوشآمدید!
یہ رات ویلش بھیڑونکے گننے کی رات ہے
جو یوروپ کے مکھن کے پہاڑوں پر سے گذر رہی ہیں
صبح کو اسٹیشنوں سے نکلتے مسافروں کا ہجوم
چہروں پر وہی برطانوی "اسٹف اپرلپ"
اور پل نقطۂ اتصال سے اُٹھتے ہوئے
کیا اُنھوں نے خبر نہیں سُنی ؟

چہل قدمی

کانتا داکر

خزاں کی ایک تاریک ہوتی ہوئی دوپہر کو میں کا جائزہ لیتی ہیں

ندی کے کنارے دوڑنے گئی
دریا پر اتوار کی راکھ
اور مغربی آسمان پر ہلکے گلابی رنگ
کی روشنی کے نیزے
مجھے تاریک آسمانوں کے پیچھے
ایک مخصوص سورج کی یاد دلاتے ہیں
میرا دل پُر امید ہوتا ہے
میری آنکھیں آسمان پر اُٹھتی ہیں
میں اُفق کو بوسہ دیتی ہوں
پھر مجھے آوازیں سنائی دیتی ہیں
میری نگاہیں محتاط ہو کر اطراف و اکناف

جو عورت دوپہر کو اکیلی دوڑ لگائے
اُسے مردوں کی دُنیا میں احتیاط کرنی ہی چاہیئے
پھر میں دیکھتی ہوں کہ
وہ جوان بچے ہیں اور
اپنے آپ سے کہتی ہوں
کوئی فکر نہیں"... اور دوڑتی چلی جاتی ہوں
بیسوا، پاکی، ننگ، غلاظت !
وہ بھیانک الفاظ میری طرف اُچھالتے ہیں
میں پلٹ کر واپس جاتی ہوں
تاکہ ان سے بات کر سکوں
مجھے اندیشہ ہے یہ بچے ایک دن مرد بنیں گے

جن کے دِل کالوں اَور دَوڑ لگانے والی عورتوں کے خلاف

نفرت سے بھرپور ہوں گے

جو شاید مستقبل کے زانی اَور ٹھگ ہوں گے

مجھے اپنے نزدیک آتا دیکھ کر

وُہ میری طرف پتھر پھینکتے ہیں

اَور مزید چار حرفی الفاظ . . .

مَیں پلٹ کر مخالف سمت میں دَوڑتی ہوں

بات کرنا بیکار ہے . . . مَیں نے سوچا

آسمان پر اندیشہ ہو گیا ہے

اَور میری نگاہوں سے اُمید اوجھل ہو گئی ہے

میری جنسی تقدیر

یاسمین فاروق

ں یہ ہے واقعی میرا شیر مرد !
واب دیکھتا ہے کہ میں روایتی عورت بنوں
پنے مرد کی پرستش کرے
پر رہ کر بچوں کی دیکھ بھال کرے
ٹیاں بنائے اور قورمے اور پڈنگ
گھر کو اوپر سے نیچے تک صاف کرے
پھر کبھی شکایت نہ کرے
ں یہ ہے واقعی میرا شیر مرد
ب کچھ کرنے کے بعد بھی جب وہ کام سے واپس آئے
ں مسکرا کر استقبال کروں
س لیے کہ میں نے تو گھر پر
ت نیپیاں بدلی ہیں بچوں کی دیکھ بھال کی ہے
یہ ہے واقعی میرا شیر مرد !

لیکن بدقسمتی سے میں بھی کام پر جاتی ہوں
تاکہ ہمارا معیارِ زندگی برقرار رہے
وہ سمجھتا ہے میں تفریحاً کام کرتی ہوں
یہ کوئی تعجب کی بات نہیں
وہ اکیلا نہیں جو ایسا سمجھتا ہے
لیکن دل و دماغ کے مخفی گوشوں میں
اُسے میری معاشی امداد کا احساس ہے
ہاں یہ ہے واقعی میرا شیر مرد !
لیکن منہ سے ایسا کہنا مشکل ہو گا
پورے کلچر کا ڈھانچہ نیچے آ رہے گا جس کی بنیاد ہی
سرپرست اور کمانے والے کے تصور پر مبنی ہے چنانچہ
میری کمائی موریگج اور کھانے پر خرچ نہیں ہونی چاہیے
کیونکہ یہ اخراجات کی اہم مدیں ہیں

ہاں یہ ہے واقعی میرا شیر مرد !
میرے حصے کا اعتراف اس کے مردانہ فرائض کی نفی ہوگی
اس لیے میں حتی الامکان
گھر پر کام کاجی عورت اور باہر پروفیشنل عورت
کے فرائض انجام دے رہی ہوں
ہاں یہ ہے واقعی میرا شیر مرد !
ان دو افعال میں مماثلت ہے
میرا باس ایک سفید فام ہے جو یہ تاثر چھوڑتا ہے کہ
بحیثیت ایک ایشین عورت کے میری اپنی کوئی رائے نہیں ہو سکتی
نسل پرستی اور جنسی تفریق مجھ پر مزید تشدد ڈھاتے ہیں
ہاں یہ ہے واقعی میرا شیر مرد !
مجھے دونوں پر ثابت کرنا ہے کہ
میں بقاء کی اہلیت رکھتی ہوں
باوجود دو مختلف زندگیوں کے
ایک چاہتا ہے میں لچکدار رہوں
دوسرا چاہتا ہے میں ثابت قدم رہوں

لیکن جو ہمیشہ دوسروں کی مثالیں دیتا ہے
فلاں مجھ سے بہتر ہے . . .
ہاں یہ ہے واقعی میرا شیر مرد !
دراصل یہ ہے گھر کا کام کاج جس نے
عورت ذات کو منقسم کر رکھا ہے
وہ کہے گا کہ یہ تو میری جنسی شخصیت کا جز ہے
جس کو ساری دنیا مانتی ہے
ہاں یہ ہے واقعی میرا شیر مرد !
وہ میرے گھر کے کام سے مطمئن ہے
باہر کا کام - گھر کا کام - بچوں کی ذمہ داری
صرف ایک چیز وہ نہیں سمجھ سکتا
کہ جب وہ تھک کر گھر آتا ہے تو
میں فیاضی سے مسکراتی کیوں نہیں
ہاں یہ ہے واقعی میرا شیر مرد !
کام پر اس کی مدد میری ایک بہن کرتی ہے
جو اس کے لیے حسب ضرورت چائے بناتی ہے

اُور ٹیلی فون کے نمبر ملاتی ہے اُور دوسرے کام...

لیکن ایک بات جو وُہ جانتی ہے وُہ یہ ہے کہ

"جنس" اُس کا مقدر نہیں ہے

کیا وہ ھم دونوں کے بغیر جی سکتا ھے ؟

جواب ... جی نہیں

ہاں یہ ھے واقعی میرا شیر مَرد !

خاموش مبلّغ

سیّد نعیم پاشا

کیا تُم میری بات سمجھ سکتی ہو

جب مَیں تُم سے یہ کہتا ہُوں کہ

تاروں کی روشنی اپنے وجود میں اُلجھی ہُوئی ہے

اور یہ کہ رات

ہمارے گُناہوں کی طرح تاریک ہے؟

جب مَیں یہ کہتا ہُوں کہ تقویٰ اور پارسائی بے نام ہے

کیا تمھارے خیال میں مَیں پاگل ہُوں؟

اور جب دن آتا ہے

اور مَیں کہتا ہُوں کہ مَیں یہاں سے جا رہا ہُوں

تو کیا تم سمجھتی ہو مَیں یہیں کہیں نزدیک ہُوں؟

اگر تم مجھ پر یقین کرو

تو مَیں دنیا کو تمھارے قدموں میں لا ڈالوں

اور پھر تم اس کو لات مار کر

جتنی دُور چاہو پھینک دو،

بالکل اِس طرح جس طرح میں

لات مارتا ہُوں

جب تم اس کو مجھ تک لاتی ہو

بالکل اسی طرح

جب تم میری بات سُنتی ہو

ہزیمت

کانتا داکر

میں نے اپنی خواہشات　　میری خود اعتمادی کو جھنجھوڑتی ہے
اُس کے لانبے اُلجھے ہوئے بالوں میں چھپا دیں　　اور چیخ چیخ کر کہتی ہے
جو اُس کے بچوں جیسے کولہوں پر بکھرے ہوئے تھے　　"پسپا ہو جاؤ، پسپا ہو جاؤ"
وہ گھنگھریالے بال جو　　کیا میں اپنی تجربہ کار، آزمودہ کار
اُس کے فرشتوں جیسے چہرے کی معصومیت کو　　اداؤں کو بروئے کار لاؤں
مُبالغہ دے رہے تھے　　تاکہ میرا بستر کچھ دن اور گرم رہے!
مجھ سے کہنے لگے　　نہیں
"سن رسیدہ عورت　　میں چاہتی ہوں کہ وہ جیت جائے
میں تیرے جوان عاشق کو　　اور میرے عاشق کو بازوؤں میں لیکر
تجھ سے چھین کر　　کسی ڈانس ہال کی نیم تاریک روشنی میں
خود عیش کرنے لے جا رہی ہوں　　رات بھر ناچے
اُف! اس کے ضدی شانوں کی لاپرواہ جنبش گھوم گھوم کر

آوارہ وطن

حسن شکیل مظہری

ھم کہ ناواقفِ آداب ہیں اَے شہرِ فگار
اجنبی میرے لئے ہے، تیرا عنوانِ کرم
اجنبی تیری زمیں تیرا فلک تیرا دیار
اجنبی رنگِ شفق بُوئے وفا صبحِ بہار
اجنبی ہے تیرے دلداروں میں جینے کا چلن
آبرو حُسن کی اُلجھی ہُوئی پیمانوں میں
آتشِ جسم بُجھائے ہُوئے میخانوں میں
نہ محبّت نہ رفاقت نہ مروّت کی کِرن
کیسے اِس شہر میں جیتے ہیں بھلا دِل والے
ھم کہ ناواقفِ آداب ہیں اَے شہرِ فگار

المیہ

حسن شکیل مظہری

سوال یہ ھے کہ لکھے تو کیا لکھے شاعر
کسی کے دستِ حنائی کا تذکرہ لکھے
حدیثِ شوق گریزاں کہ حسن کوئے بتاں
فسانۂ شبِ ہجراں کہ قصۂ غمِ دل
حکایت خمِ کاکل کہ ذکرِ دار و رسن!
کہ زورِ بازوئے قاتل کی داستان لکھے
ہزار بار رقم کرچکا ہے جس کو قلم
اسی فسانے کو اب بار بار کیا لکھے
نہ کوئی آگ نئی ھے، نہ کوئی راگ نیا
نہ کوئی سوز نیا ہے، نہ کوئی ساز نیا
تہی ہے فکر و نظر سے خیال کا دامن
ترے قلم ہی شاید ہے المیہ تیرا
جمود طاری ہے ہوش و حواس پر تیرے

سوال یہ ہے کہ لکھے تو کیا لکھے شاعر!
نئے جہان کا نغمہ، نئی بہار کا گیت،
حسین خوابوں کا اور لطفِ اعتبار کا گیت
شبِ فراق ہے، لکھ صبحِ انتظار کا گیت
سوال یہ ہے کہ لکھے تو کیا لکھے شاعر!

"اُنھوں نے مجھے سفید رنگ دیا"

کوثر پروین

کسی نے مجھے بتایا نہیں تھا
کسی نے خبردار نہیں کیا تھا
ماں نے کہا تھا
کسی اجنبی سے بات نہیں کرنا
چنانچہ جب وہ آئے
اور مَیں کھیل رہی تھی
تو مَیں نے کوئی بات نہیں کی
اُنھوں نے مجھے پکڑا
ایک نے رنگ نکالا
اور مجھے شروع سے آخر تک سفید رنگ میں رنگ دیا
یہ دُوسری بار ہُوا ہے
صرف میرے ساتھ کسی اَور کے ساتھ نہیں
میری ماں یہ رنگ نہیں دھو سکی

رنگ میری جلد میں دھنس گیا
جلن ہوتی رہی
مَیں اَب کمتر محسوس کروں گی
اِس لئے کہ
بہر حال مَیں کالی ہُوں

خوابوں کا تابوت

کیلاش پوری

آج میں آخری سانس لے رہی ہوں
یادیں میرا کفن ہیں
اور تابوت میرے خوابوں سے بنا ہے
درد کی ایک دلدوز چیخ
آسمانوں پر پہنچتی ہے
میں ماضی کی تیرتھ یاترا پر ہوں
میں ایک ابدی جنگل میں گھوم رہی ہوں
جانتے بوجھتے میں سراب تلاش کر رہی ہوں
زندگی کی دوپہر میں
میں جذبے میں گھل گئی تھی
شام تاریک اور خوفناک ہے
ماہتاب زمین سے اپنی روشنی کھینچ رہا ہے
سمندر بیتاب ہیں اور میرا جسم ختم ہو رہا ہے

میں تمہارے الفاظ کی گونج کو لبوں سے لگاتی ہوں
تمہارے وعدے جو ایفا نہیں ہوئے نہ تمہاری محبت
ہاں
میں زندگی کے زہر کو چاٹتی ہوں
زندگی منجمد ہو گئی ہے
خوابوں نے جینے کی طاقت ختم کی
ماضی نصب العین بن گیا ہے
اور میری دلدوز چیخ
آسمانوں کی وسعت پر پہنچتی ہے

ٹائم بم

ثاقب دیش مُکھ

یہ ایک ٹائم بم ہے ۔۔ناقابلِ احتراز
جو تمہاری دعوت غصب کر رہا ہے
وُہ تمام باتیں جن کا خدشہ تھا
یہ تمہارا اوّلین مطمعِ نظر ہونا چاہیئے
جن کے لئے ہم جینا نہیں چاہتے تھے
ہم اپنے رقبے سے سفید آدمی کا اخراج کرکے رہیں گے
وُہ سب ہو چکیں
یہ ایک مسئلہ ہے جو کُہر میں پوشیدہ ہے
میں ایک ٹائم بم پر بیٹھا ہُوا ہُوں
سنو میری بات جس چیز کو تم معمول سمجھتے ہو...
یہ ایک حقیقت ہے کہ
یہ کیا بات ہے کہ جب تم بانٹتے ہو
لوگوں کو جب کُچلا جاتا ہے
تو میری جھولی ہمیشہ خالی رہ جاتی ہے !
تو وُہ جواباً جنگ کرتے ہیں
ایک موہوم سا احساس ہے
اُن کی بات مت کرو جو یہ کہتے ہیں کہ
کہ دھوکا چل رہا ہے
یہ سب غیر ضروری ہے
اور میں ٹائم بم پر بیٹھا ہُوں
اُن سے کہو یہ ایک شدید ضرورت ہے
یہ ایک سرد جنگ ہے
جنگل میں اِس درندے کو کھا جاؤ

"صدف"

شمشاد خان

یہ کیا سیپی ہے ماں

جس کو میری آنکھ کی ریت رگڑ رہی ہے !

تم میری آنکھ میں پھونک رہی ہو

کوئی آنکھ دھوون نہیں ہے

لیکن

جھکڑ صحرا میں اُٹھ رہے ہیں

پھر ریت بیٹھ جاتی ہے

اور تمہاری ٹھنڈی سانس

میری رُوح کو بالیدہ کرتی ہے

خوش

زیاد رشید بھٹی

ں ابتدائی دِنوں کو یاد کرتا ہُوں
ملک، نئی قدریں، نیا سماج
اسکول . . .
بے اد پا کی
اگ جاؤ واپس اپنے ملک
باپ غلیظ ہے، تیری ماں بیسوا ہے"
ے ڈیسک پر پنشیل فرنٹ لکھا ہُوا اور بورڈ پر بھی
ں کیا کر سکتا تھا . . مجھے ہمیشہ نظرانداز کیا گیا
دائی اچھے دنوں کو یاد کرتا ہوں
دور، نیا زمانہ، نیا انسان، نیا قانون
لباس اچھا، میری شہرت بھی ٹھیک
رکہ امتحان کے نتائج بھی اطمینان بخش
ن . . . .

"مجھے یہ کہتے ہوئے افسوس ہوتا ہے کہ تم سفید فام نہیں ہو
آفس میں کوئی کام نہیں ہے لیکن شاید
تھوڑا بہت کام بحیثیت مزدور کے . . ."
"شکریہ ۔ لیکن مادرچود میں اس سے زیادہ کا حقدار ہُوں"
پہلے ہماری ضرورت تھی اب قصّہ کچھ اور ہے
میں ڈول پر ہُوں، میرا گھر خراب ہو رہا ہے
میرے والدین علیل ہیں،
ابتدائی اچھے دنوں کو یاد کرتے ہوئے
میں ابھی صرف اٹھارہ سال کا ہُوا ہُوں

ایک قطرۂ خون کا سفر

کیلاش پوری

میرے وطن میں دفن کرنے کا رواج نہیں ہے
نہ قبریں بنانے کا
مُردے لکڑی کی طرح جلائے جاتے ہیں
اَور نگاہوں اَور یادوں سے ہمیشہ کے لئے
اوجھل ہو جاتے ہیں
لیکن مَیں
تارک الوطن ہوں
اَور اس متنبع زمین میں ہوں
جہاں مُردے خزانوں کیطرح دفن ہوتے ہیں
اَور جن کے سینوں پر کتبے
یادوں کو روشن رکھتے ہیں
آج مَیں نے
دو گز اجنبی زمین خریدی ہے

جہاں مَیں وہ یادیں دفناؤں گی
جو مردہ ہو کر بھی زندگی کو جینے کے قابل بناتی ہیں
سوال یہ ہے کہ کب . . . !
آج سے مَیں نصف اس قبر میں ہونگی جو میری ہے
اَور نصف اس زمین پر
جس کو مَیں نہیں جانتی
آدھی ملبوس، آدھی زندہ
آدھی سانس کے ساتھ آدھی رُوح کے ساتھ
مَیں جی رہی ہُوں
یہ قبر
کسی اَور قبر کی طرح نہیں ہے

فرشتوں کو خدا حافظ

سمیر چیٹرجی

ینوں کے ایوان میں
یشوں کے ٹکڑے کسی دُور افتادہ
ح کے قدموں کی بازگشت کیطرح پڑے ہیں
ں ان کو سینے سے لگا کر رکھ رہا ہوں
ر تمہارا چہرہ ایک سرد گلاب کیطرح ابھر رہا ہے
ں تم کو
س وقت تک پہچان نہیں سکا تھا
ب تم سُبک قدموں سے چلتے ہوئے
ام برادری پر اپنے رحم کی بارش کرتے ہو
زندگی کی راہداریاں تمہاری تعظیم کرتی ہیں
شرقی سورج نے تمہاری ملیں چلائی ہیں
یت اللحم کے سائے میں تم
و آرام ہو
لتے صحرا کے گرم ترین پتھر بھی

تمہارے خوابوں کو منتشر نہیں کر سکتے
میں نے تمہارا امن بیحد سرد پایا
اس دعوت کی طرح جو کسی تنہا تقریب کے بعد
سرد ہو گئی ہو
اور جس پر پھپھوند لگی ہو
میری آگ تمہارے پانیوں کو گرم کر رہی ہے
لیکن تمہارا سورج دریا کی گہرائی میں ڈوب رہا ہے
میں تم کو خدا حافظ کہتا ہوں
میرے پیارے بچے
کوئی تمہارے گہرے خواب کو پریشان نہ کرے
مانا کہ خدا کمزوروں کی حمایت کرتا ہے
لیکن تیل اور پانی آپس میں نہیں ملتے

ماں

سمیر چٹرجی

اگر لاکھوں کے ہجوم میں تم کو
پہچاننا ہو
اگر کروڑوں کے سوگوار مجمعے میں
تم کو جاننا ہو
تو یقین جانو مجھے کوئی دقّت نہیں ہو گی
یاد آیا جب میں چھوٹا تھا
تمہارے بھرپور سائے میں
تمہاری نرم ہنس مُکھ اور فیاضی
شخصیّت کا پرتو بن رہا تھا
ایک قرض جو میں کبھی نہیں چکا سکتا
جہاز جب رات کے اندھیرے میں چلا
اور میں نے تم کو آخری حد تک ہاتھ ہلاتے دیکھا

تو میں ہوا کے مخالف جھکڑوں کی تاب لا سکا
اُس وقت میں نے کچھ ثابت کرنا چاہا
اجنبی چاندی کی چمک کی تہہ میں
تمہارا چہرہ دیر تک ڈُوبا رہا
میری رُوح کا لنگر وُہیں تھا
میری راتوں نے صبح کی سپیدی تم سے کھینچی
جنگل میں تُند ہوائیں
سنک رہی ہیں
دُور کی آوازیں میرے سینے کو چیر رہی ہیں
بجلی کے کڑاکے نے ایک درخت کو گرایا
پرندوں کو نیا آشیانہ بنانا ہو گا
میرا جہاز ساحل سے دُور

طوفان میں گرفتار ہے

اَے عظیم الشان بارش

تُو زمین کی تکلیف کو دھو دے

طُوفان آسمان تک اُٹھ رہا ہے

ماں! میرے لئے ایک نیا لنگر

فراہم کر

پیغامِ محبّت

سیّد نعیم پاشا

نظم

تُمہارا ایک خیال ہے
خواب
تمہارا مشاہدہ ہے
میری زندگی ایک گذرتا لمحہ ہے
لیکن میری ابدیت
تمھارے ساتھ ہے

"اگر تُم نے مجُھے یاد کیا"

سچیتیا کمار گھوش

اگر تم نے مجھے یاد کیا
جب آسمان بارشی گھٹاؤں سے گِھر کر
وَزنی ہو جائے اور آم دَرختوں پر پکنے لگیں
تو آنسو مت بہانا
اَپنے رَنج کو چِڑیوں کی چہکار سے کم کرنا
اَور جب بارش کا خوشگوار دڑیڑہ پڑے
تو اپنی خوشی کا گلا مت گھونٹنا
ھماری نزدیکی نے زمین اَور آسمان کو باھم قریب کیا
اَور ھماری زندگی کا ہر ایک لمحہ
ایک موتی کی طرح چمکا
جب رات ختم ہو اَور صبح کی پہلی روشنی
تمہاری کھڑکی سے جھانکے
تو اس کو خوشامدید کرنا مَت بھُولنا

شعرا کا مختصر تعارف

ظہیر علی :

میں نے گھر والوں اور دوستوں سے متاثر ہو کر اپنی زندگی کے واقعات اور اور احساسات کی عکاسی کے لیے لکھنا شروع کیا، اس مقصد کے لئے مجھے شاعری سب سے اچھا ذریعہ ابلاغ نظر آیا، اس کا دامن وسیع اور تعصب سے پاک ہے، دنیا کے بیشتر علاقوں میں بدامنی، بے چینی اور ہولناک تباہی کے نت نئے مظاہر سے پیدا شدہ بیچارگی کے احساس کے لئے تحریر سے اچھا ذریعہ اظہار اور کیا ہو سکتا ہے؟

روزمرہ مصروفیت کی وجہ سے لکھنے کے لئے اتنا وقت نہیں ملتا آرام کے لئے بھی تو کچھ وقت چاہیئے۔ لیکن جب میں لکھتا ہوں تو ایک دلی سکون محسوس کرتا ہوں کہ میں نے اپنے گرد و پیش کی زندگی کو غیر متعصبانہ انداز میں دیکھا ہے اس کے پُرزور دھارے کے ناگزیر حقائق کو قبول کیا ہے۔ لکھنے کا شوق میرے لئے ایک اطمینان بخش تخلیقی مشغلے کی حیثیت رکھتا ہے۔

زبادر رشید بھٹی :

میں ۲ جون ۱۹۶۷ء کو سٹاک پورٹ میں پیدا ہوا میرے والدین پنجاب پاکستان سے آئے تھے۔ میں پاکستان میں چار سال رہ کر آیا ہوں اس دور سے بھلی بری دونوں،

قسم کی یادیں وابستہ ہیں، کراچی کی غربت و مایوسی سے بھرپور شہری زندگی کے مقابلے میں، دیہاتی زندگی بڑی پُرسکون اور خوبصورت ہے:

۱۹۷۶ء میں انگلستان واپسی پر ہیوم ہال سکول میں داخلے سے پہلے، کئی سکول بدلے، تعلیمی نظام سے دِل برداشتہ ہونے سے پہلے مَیں نے برینچ سکول میں بھی کچھ وقت گزارا، تعلیم سے میری بے اطمینانی کی وجہ فلمی دنیا میں جانے کا جنون بھی تھا۔

نارتھ ہیوم سینٹر میں ایک سال کی مزید تعلیم کے ساتھ ساتھ مَیں نے ساقی لگری سے لے کر دکانداری تک بہت پاپڑ بیلے۔ نارتھ کیرولینا میں "کیمپ امریکہ" میں حصہ لیا، جس سے امریکہ کی سیاحت نے مجھے زندگی کے نئے مفہوم اور نئی جہتوں سے رُوشناس کرایا۔

مَیں کئی سالوں سے نظمیں لکھ رہا ہُوں، میری خواہش ہے، کہ مَیں فلمساز بنوں اور اپنی شاعری کو سیلولائیڈ پر منتقل کروں۔

دیجانی چیٹرجی

مَیں پُرانی دہلی میں اپنے دادھیہال کے ہاں پیدا ہُوئی، میرے والد ایک سفیر تھے، اِس لئے مَیں جاپان، بنگلہ دیش، ہانگ کانگ، مصر بہت سے ملکوں میں پلی بڑھی کاش ہر ملک میرا وطن ہوتا، مجھے پاسپورٹ، ویزا سے بہت نفرت ہے

مَیں ۱۹۷۲ء میں انگلستان آئی، یونیورسٹی آف کینٹ، کینٹربری سے انگریزی اور امریکی اَدب میں ایم اے کیا، لنکاسٹر یونیورسٹی سے پی ایچ ڈی میں میرے مقالے کا موضوع تھا: "ہندی اور انگریزی ناول میں گاندھی کا تصوّر" مَیں نے مانچسٹر، اور

شیفیلڈ میں تعلیم دی" فولاد کی صنعت میں کام کیا۔ اور اب شیفیلڈ میں نسلی مساواتی کونسل کی ڈائرکٹر ہوں؛

میری شعری اور نثری نگارشات ہندوستان اور برطانیہ میں چھپتی رہی ہیں میں نے کافی انعامات حاصل کئے ہیں" ۱۹۸۹ء میں پیٹرلو اوپن پوئٹری کے مقابلے میں ایفرو کریبیئن / ایشین انعام جیتا، میرا شعری مجموعہ "میں ہی وہ عورت ہوں" ۱۹۸۹ء میں ہیپوپٹیمس پریس نے شائع کیا۔ دوسرا مجموعہ "تیکھی آواز" عنقریب شائع ہو رہا ہے، بچوں کے لئے کہانیوں کا مجموعہ "ہاتھی کے سر والا دیوتا اور دوسری ہندو کہانیاں" لٹرورتھ نے شائع کیا، یہ بچوں کی کتب ۱۹۹۰ء کے لئے منتخب ہوئیں" ۱۹۹۰ء میں ہی ایک دو زبانی مجموعہ "خاردار لکیریں" نے ریمنڈ ویلیمز کمیونٹی پبلشنگ پرائز حاصل کیا؛ اُسے میں نے بنگالی وومن سپورٹ گروپ" اور یارکشائر آرٹس سرکس کے ساتھ مل کر مرتب کیا تھا،

لکھنے کے علاوہ میں آرٹس کے فروغ کی سرگرم کارکن ہوں" اور کارٹون بھی بناتی ہوں" اس کے علاوہ میں یارکشائر آرٹس لٹریچر پالیسی گروپ کی چیئر پرسن" پاسورڈ بکس کی ڈائرکٹر اور تعلیمی مصنفین کی نارتھرن ایسوسی ایشن، بلیک لٹریچر پروجیکٹ اور پوئٹری سوسائٹی آف انڈیا کی ممبر ہوں؛

سمیر چیٹرجی :

ہندوستان میں نوآبادیاتی عہد کے بعد پہلی نسل کے ساتھ میں ایک فولادی صنعتی شہر میں پیدا ہوا، لڑکپن میں مجھے بنگالی شاعری سے کچھ دلچسپی تھی۔ مگر جب میں کلکتہ کے سکاٹش چرچ کالج کے ادبی رسالے کا ایڈیٹر بنا تو میرے شوق کو زیادہ جلا ملی، اس وقت میں بنگالی کی تعلیم و تدریس ہی کو اپنا مقصود بنانا چاہتا تھا مگر

حالات کی ستم ظریفی سے مجھے برطانیہ کے صنعتی ماحول میں بھی کھاتوں کی ملازمت کرنا پڑی اور میرا بنگالی ادبی تخلیقی رجحان سسکتے سسکتے دم توڑ گیا، لندن سکول آف اکنامکس کے انقلاب پرور ماحول نے ۶۹ء کے آخر میں اس شوق کو دفن کر دیا اور ۷۰ء کے آغاز میں مَیں نے کوونٹری اور لورپول میں ایک کامیاب کمیونٹی ورکر کی حیثیت سے ایک نئی زندگی کا آغاز کیا، مَیں نے لسانیات کی ماہر ایک جرمن خاتون سے شادی کی اور شاعری کی نسبت سے اپنی بیٹی کا نام کویتا " رکھا، ۸۰ء کے ابتدائی سالوں میں طلاق کے بعد پھر نئے سرے سے زندگی شروع کی، برطانیہ کے نوخیز مصنّفین سے تعارف لورپول کے ادبی حلقہ میں شمولیت کے بعد ہُوا؛ تب سے اب تک مَیں ہر اس موضوع پر لکھتا ہوں جو مجھے متاثر کرتا ہے، روچڈیل میں سینئر کمیونٹی ایجوکیشن آفیسر کی حیثیت سے مَیں نے روچڈیل مصنّفین کے پہلے تہوار کی تیاری اور انعقاد میں بہت حصّہ لیا ہے، میرا عقیدہ ہے کہ موسیقی، مصوّری اور نازک جذبات اعلیٰ شاعری کے لازمی اجزا ہیں اور برطانیہ میں مقیم ایشیائی شعرا میں ان لوازمات کی کمی نہیں ؛

ثاقب دِلشِس مُکھ :

میرا خیال ہے کہ جو بات مصنّف کو ایک عام آدمی سے منفرد کرتی ہے، وہ اس کی جگ بیتی لکھنے کی صلاحیّت ہے، مَیں اپنا ڈھول بجانے کے حق میں نہیں، مَیں ایک عام سا نوجوان تھا اور عامیانہ ماحول سے نکل کر حادثاتی طور پر تصنیف و پیشہ کاری کی راہوں پہ آنکلا ؛

مجھے شاعری سے بھی اتنا لگاؤ نہیں، مجھے صرف یہ احساس ہے کہ جب مَیں اس مُلک میں ایشیائی لوگوں کو اپنی زندگی میں تعصّب کا شکار دیکھتا ہوں تو کچھ کہنا چاہتا ہوں

اور پھر کہہ دیتا ہوں :

میری عمر ۲۳ سال ہے، نوجوانوں کے ساتھ جز وقتی کام کرتا ہوں، اس کے علاوہ نوجوانوں کے تھیٹر "آجکل" میں بھی کام کرتا ہوں۔

یاسمین فاروق :

میں شادی شدہ ہوں، دو بچے ہیں، زینا اور فیروز، میں آزاد کشمیر میں پلی بڑھی ۱۹۷۰ء میں برطانیہ آئی، میری بچپن کی خواہش تھی کہ پڑھ لکھ کر ڈاکٹر بنوں، لیکن اس میدان میں پاکستان کی ابتدائی تعلیم اب اس ملک میں تسلیم نہیں کی جاتی، اس لئے مجھے اپنا راستہ تبدیل کرنا پڑا، ۱۹۸۱ء سے ایک سوشل ورکر کی حیثیت سے شیفیلڈ فیملی اور کمیونٹی سروس سے متعلق ہوں پچھلے دس سال سے یہی کر رہی ہوں، موجودہ کام کی دلچسپی کے پیش نظر ڈاکٹر نہ بن سکنے کا افسوس نہیں، لوگوں کو محتاجی سے نجات دلانا بھی ایک بہت بڑی خدمت ہے اور پھر تنوع کام کی دلچسپی کو بھی برقرار رکھتا ہے :

اس کے علاوہ میں کچھ سماجی ذمہ داریاں رضاکارانہ طور پر بھی ادا کرتی ہوں سوشل سیکورٹی اپیل ٹرائی بیونل کی ممبر ہوں اور لوکل سکول گورننگ باڈی کی وائس چیئر :

جن مسائل کا تذکرہ میں نے اپنی نظم میں کیا ہے، ان میں سے کچھ پر میں نے قابو پا لیا ہے۔ کچھ باقی ہیں، تگ و دو جاری ہے، تحریر کے ذریعے پیغام رسانی کا سلسلہ جاری رکھوں گی

مجھے ہمعصر ایشیائی خواتین کی تصانیف پڑھنے کا بہت شوق ہے ان کی

دردانگیز اور سبق آموز آپ بیتیاں پڑھ کر بہت حوصلہ ملتا ہے اور ہمت افزائی ہوتی ہے۔

سُجیت کُمار گھوش :

مَیں کلکتہ ہندوستان میں ۱۹۲۶ء میں پیدا ہُوا، سکاٹس چرچ کالجیٹ مشنری سکول سے ۱۹۴۳ء میں میٹرک کیا، ۱۹۴۸ء میں کلکتہ یونیورسٹی سے کامرس کی ڈگری لی اس کے بعد ایک اکاؤنٹینسی فرم میں ملازمت کرلی، ۱۹۵۲ء تا ۱۹۵۸ء کے دوران برطانیہ سے اکاؤنٹینسی کی تعلیم مکمل کرکے ہندوستان واپس چلا گیا ۱۹۶۵ء میں پھر برطانیہ آکر آباد ہو گیا، کئی سال بطور اکاؤنٹینٹ کام کرنے کے بعد انکشاف ہُوا کہ میرا اصل میدان تو آرٹ ہے چنانچہ شعر و شاعری شروع کردی، مَیں شادی شدہ ہوں اور کھیل اور موسیقی سے دلچسپی ہے ۔

اینیتا کُماری کپلا :

لکھنا میرے لئے ایک پُر مسرت مشغلہ ہے ۔ تعلیم کے بعد مَیں نے رائل بنک آف سکاٹ لینڈ میں ملازمت شروع کی، اور ساتھ ہی دو سال تک شاعری کی تعلیم حاصل کی ۱۹۸۶ء میں بیٹی "اینیتا" کی پیدائش پر ملازمت چھوڑ دی، اور مانچسٹر یونیورسٹی کے شعبہ ایکسٹرا میورل سٹڈیز میں تخلیق ادب میں داخلہ لے لیا ۱۹۸۸ء میں ہفتہ میں دوبار ہوم سٹائل انڈین کُکری کی تدریس شروع کردی ۱۹۸۹ء میں دوسری بیٹی "تارا" کی پیدائش کے بعد جی ایم آر بی بی سی کے ایشین پروگرام "جھنکار" کی پیشکاری شروع کی، یہ ایک بڑا تجربہ تھا، ہر ہفتے براہِ راست پروگرام نشر کرنا ہوتا تھا گزشتہ دو سال کے دوران مجھے بہت سے لوگوں سے ملنے کا اتفاق ہُوا، اس کے علاوہ

میں نے تین چیریٹی پروگرام پیش کئے ہیں، دو ضرورتمند بچوں کے لئے اور ایک کیرالہ ہندوستان میں ہسپتال کے لئے

گزشتہ سال چینل ۴ کے لئے ایک چھ پارٹ ڈرامہ سیریل کی تیاری میں مجھے ایک ایکسٹرا کے رول کا موقع ملا، گرمیوں میں صرف پانچ منٹ کی شوٹنگ کے لئے عمر بھر کا انتظار، اپنی قوتِ برداشت اور صبر کا اچھا خاصہ امتحان تھا۔

میرے نزدیک میری زندگی کا سب سے قیمتی سرمایہ میرے بچے اور خاندانی زندگی میں میرا مرکزی کردار ہے، میری کامیابی میں میرے نامدار شوہر کا بڑا ہاتھ ہے؛ جو میرے ساتھ ہر قسم کا تعاون اور حوصلہ افزائی کرتے ہیں ٭

مِصباح خان :

میں کینیا میں پیدا ہوئی، وہیں کے مشاہدات و تجربات، جن میں میرے اپنے پیارے بیٹے کی رنگ آمیزیوں کی جھلک بھی ہے، میرے لئے بچوں کی کہانیاں لکھنے کے محرک بنے، مستقبل میں کسی مناسب وقت پر ان کی اشاعت کا ارادہ رکھتی ہوں

میں نے چند سال تک ایک ایم پی کی سیکرٹری کی حیثیت سے کام کیا، اس دوران بہت سے دلچسپ لوگوں سے ملاقات کا موقع ملا، پھر اکاؤنٹنسی سیکھ کر چند سال اسسٹنٹ اکاؤنٹنٹ کی حیثیت سے کام کرنے کے بعد دوسرے ملکوں میں اکاؤنٹنسی کی تعلیم دی، برطانیہ واپسی پر بہت سے جزوقتی تدریسی کام کئے، آجکل میں بہت سے کمیونٹی گروپس کے ساتھ مل کر ریچڈیل لوکل اتھارٹی کی ملازمت میں ایشیائی اور افریقی عورتوں کے تعلیمی و تربیتی مسائل کے حل کے لئے کام کرتی ہوں ٭

٭

شمشاد خان :

میں ایک ایشین مصنف ہوں، ریڈز یارکشائر میں پیدا ہوا ہوں، میرے نزدیک تحریر ہمیشہ سے ایک زبردست ذریعہ اظہار رہا ہے، میں پچھلے چند سال سے کلچر ورڈ سے متعلق ہوں، یہاں سے مجھے بہت رہنمائی ملی ہے، میری تحریر کی اشاعت کا یہ پہلا موقع ہے، اس سے پہلے "ایڈنٹیٹی" میں میری کچھ تحریریں چھپ چکی ہیں اور مصنفین کے ساتھ مجھے پیشکش کا موقع بھی ملا ہے، آجکل میں مختصر کہانیاں لکھ رہا ہوں، اور نظموں کا مجموعہ بھی شائع کرنے کا ارادہ ہے :

میں سیٹیزن ایڈوائز بیورو کا ڈپٹی مینجر ہوں، بیالوجسٹ کی تربیت کے باوجود تدریس سے مجھے کوئی خاص رغبت نہیں ہے ::

حسن شکیل مظہری :

میں بہار کے ایک چھوٹے سے تجارتی شہر میں پیدا ہوا، میرا خاندان علم وفضل اور شعر وادب کے ناطے سے اچھا خاصا جانا پہچانا تھا، میرے والد، دادا، پردادا اردو کے مشہور شاعر اور ادیب تھے، نقاد اب تک ان کے کام کو بڑی قدر کی نگاہ سے دیکھتے ہیں، میں نے خاندانی روایت سے بغاوت کی، اور ادب سے طب کی طرف آنکلا، اس میدان میں تعلیم مکمل کرنے کے بعد میں نے ہندوستان میں میڈیکل آفیسر کی حیثیت سے ملک کے مختلف حصوں میں ملازمت کی، ۱۹۷۳ء میں برطانیہ آگیا ایگزیٹر اور آئل آف وائٹ جیسے خوبصورت مقامات پر کام کرنے کے بعد بالآخر کلیٹن مانچسٹر میں ۸۲ء سے بطور جی پی قیام پذیر ہوں .

بادیہ پیمائی کے اس سارے عرصے میں شعر وسخن کے جراثیم جو کہ بزرگوں

کی طرف سے وراثت میں ملے تھے" مر نہیں سکے ، اِس دَوران میں بھی مَیں لکھتا رہا، اَور میری نگارشات ہندوستان اَور برطانیہ کے رسائل میں شایع ہوتی رہیں اِس کے علاوہ مذہب، فلسفہ اَور مابعدُالطبعی موضوعات کا مطالعہ میرا محبوب مشغلہ ہے .

دوسروں کی طرح میرا بھی ایک خواب ہے ، کہ ساری دنیا امن کا ایک اَیسا گہوارہ ہو جس میں رنگ و نسل، ذات پات، دین و ملّت اِنسانوں کو ایک دُوسرے کے خلاف نہ اُکسائیں، جہاں معصوم لوگ چند اقتدار پرست اَور جاہ و حشم کے بھوکوں کے جنون کی بھینٹ نہ چڑھیں .

جانے یہ خواب کب شرمندۂ تعبیر ہو گا ——— ؟

کوثر پروین :

جب مَیں لوب مارلے اَور مارسیا کے گیت کے اِس بول " نوجوان، رنگدار اَور ذہین " کی روشنی میں اپنے احساسات کا جائزہ لینے کی کوشش کرتی ہوں تو مجھے لگتا ہے کہ مَیں نوجوان بھی ہُوں، رنگدار بھی ہُوں، اَور ذہین بھی . . . سوچنا پڑے گا——— ؟

مَیں اِن لوگوں کی مداح ہُوں ، جو ایک ٹھوس کردار کے مالک ہیں، مزاح کی حِس رکھتے ہیں، اَور زندگی میں اخلاق و اقدار کی اہمیّت کو تسلیم کرتے ہیں، یہ نظم ایک سچّی آپ بیتی پر مبنی ہے، جو مَیں نے ایک بار ریڈیو پر سُنی . مجھے محسوس ہُوا کہ ایسے اہم موضوع کو یونہی نظر انداز نہیں کیا جا سکتا :

میری محبوب شخصیات مالکم ایکس، مدر ٹریسا ، محمّد علی ، مارٹن لُوتھر کنگ، اَور نیلسن منڈیلا ہیں ——— انقلاب پرور لوگ ، جنہوں نے کچھ نہ کچھ حاصل کرکے مزید انقلاب کی راہیں ہموار کیں .

اِس وقت میرا چھٹا شعری مجموعہ زیرِ تکمیل ہے جس کا نام ابھی تک میں نے نہیں رکھا، میں اُسے شائع کرنا چاہتی ہوں، میں مالکم ایکس کے ان قول پر کامل یقین رکھتی ہوں :

٭ جہالت سے زیادہ خوفناک کوئی چیز نہیں

٭ کوئی آدمی یہ نہیں جان سکتا کہ تم کون ہو، جب تک تم خود نہ جانو کہ تم کون ہو ۔

فی الوقت میں ایک بڑے ڈیپارٹمنٹ سٹور سے اپنے خلاف نسلی امتیاز کے برتاؤ اور اس کے اقرار کی جد وجہد میں مصروف ہوں تاکہ بغیر لڑائی کے حق بات منوا سکوں ۔ ٭

سیّد نعیم پاشا :

صرف حکیمانہ الفاظ حقائق کو بدل نہیں سکتے، مگر وہ احساس جو یہ الفاظ پیدا کرتے ہیں، وہ ساری دنیا کو تبدیل کر سکتا ہے، میں اپنے بارے میں یا اپنے کام کے بارے میں اس کے سوا اور کیا کہہ سکتا ہوں کہ یہ سب وجدانی بصیرت صرف اللہ تعالیٰ کے فضل و کرم سے ہے، میں اِس بارے میں پختہ یقین رکھتا ہوں ۔ کہ شاعری دماغ اور رُوح کو ایک دوسرے کے قریب لانے کا ذریعہ ہے ۔ اِسی لیے میں اپنے اشعار کو تصوف کے رنگ میں رچا بسا کر پیش کرنے کی کوشش کرتا ہوں کیونکہ رُوح، اسرار و رموز کو سمجھ لیتی ہے ۔

جو دیو مالائی تصورات جو کبھی اِنسان کو اتنے پیارے تھے آج تہذیبی ترقی کے نام پر اس نے ان سے رابطہ توڑ لیا ہے، "خاموش واعظ" میں میں نے ہم جس مقام

پر کھڑے ہیں، اِس سے بالاتر ہو کر اس دنیا کا نقشہ پیش کرنے کی کوشش کی ہے، جس میں ہم رہتے ہیں، اِس نظم کا مرکزی کردار ایک منفرد حیثیت سے ہمیں، اور دنیا کو اپنے نقطۂ نظر سے پیش کرتا ہے، وہ ہمیں بتانے کی کوشش کرتا ہے کہ ہم اپنے معاملات میں گم ہو کر اپنی خود غرضی کی وجہ سے ایک دوسرے سے کتنے دور ہو گئے ہیں، لفظ "واعظ" بہت طاقتور اصطلاح ہے، واعظ بننے کے لئے منافقت سے پوری طرح واقف ہونا چاہیئے کیونکہ منافق واعظ کو اپنے ہی اعتقادات پر ایمان نہیں ہوتا، اِس کردار کا علم اور حکمت اس کی خاموشی اور تنہائی میں ہے اسی لئے اس نظم میں مجھے اس کا نام "خاموش واعظ" رکھنا پڑا، مجھے امید ہے، کہ قاری اِس نظم کی گہرائی اور گیرائی اپنے احساسات کی شدّت کے مطابق خود اخذ کرے گا۔

اِس مجموعے میں میری دوسری نظم ہے": "ایک عاشق کا پیغام" اِن چند مصرعوں میں مَیں نے محبت اور ابدیت میں رشتے کے اظہار کی کوشش کی ہے، یہ تصور نسل دَر نسل چلا آرہا ہے، اور عاشقِ اوّل سے لے کر آج تک اس کے جادو میں وہی اثر ہے؛

اگرچہ میں نے اپنی بالغ زندگی کا بیشتر حصہ برطانیہ میں گزارا ہے، لیکن میں نے دوسرے ملکوں کی سیر بھی کی ہے؛ جس سے مجھے مختلف النوع معلومات اور تاثرات حاصل ہوئے ہیں، کچھ شخصیات نے میری ذات اور میرے کام پر انمٹ نقوش چھوڑے ہیں۔

مجھے اُمید ہے، کہ آپ اِس کتاب میں شامل دوسرے شعرائے کے ساتھ میرے کلام سے بھی محظوظ ہوں گے ۔

کیلاش پوری :

میری ادبی زندگی کا آغاز ۱۹۵۶ء میں ایک پنجابی رسالے "سُبھاگوائی" کی ایڈیٹر کی حیثیت سے ہُوا، اس وقت میں ایک فرضی قلمی نام سے صحت و خوبصورتی، ازدواجی مسائل، کھانا پکانا، گھر بار، مختصر افسانے اور شعر و سخن میں طبع آزمائی کرتی تھی،

میرے افسانوں کا پہلا مجموعہ ۱۹۵۹ء میں چھپا، اس کے بعد شعری مجموعے، بی بینی، لہو دا سفر، نہ سیانہ سماتی، افسانوں کے تین اور مجموعے، ناول اور جنسیات پر دس کتابیں شایع ہوئیں، اس وقت تک کل ۲۵ کتب چھپ چکی ہیں ؛

ہم نائیجریا اور گھانا میں چھ سال گزارنے کے بعد ۱۹۶۶ء میں انگلستان آئے، ان ملکوں کے خوبصورت قدرتی مناظر، ملنسار لوگ، ان کی ثقافت اور خاندانی زندگی کی رنگارنگی سے متاثر ہو کر میں نے افریقانہ لائبریری سے تحقیق کے بعد ایک کتاب "دی بلیک ہیڈ" شایع کروائی ؛

جنسیات پر میری نگارشات سے قاری اور مصنفین دونوں کو دھچکا سا لگا، اس کے خلاف بطور احتجاج ایک شور اُٹھا کہ "قومی ایکتا" دہلی میں ایسے مضامین شایع نہ کئے جائیں، ہندوستانی معاشرے میں ایسے مسائل پر قلم اُٹھانا بہت بُرا سمجھا جاتا ہے، شیطانی آیات کی طرح میرے خلاف فتوے شایع ہوئے، مذہبی علمائے کے غم و غصے سے بچنے کے لئے ایڈیٹر نے کیلاش پوری کالم کے حق میں یا خلاف، قارئین کا استصواب رائے کروایا، جس میں قارئین کی اکثریت نے فیصلہ دیا، کہ یہ کالم قائم رہے ،

میری پہلی کھانوں کی کتاب "مشہور ہندوستانی کھانے" ۱۹۶۳ء میں چھپی، مجھے یہ اعزاز حاصل ہے، کہ میں مارکس اینڈ سپنسر کی فوڈ کنسلٹنٹ رہی ہوں، لیتھ سکول آف فوڈ اینڈ وائن لندن اور ملٹی فیتھ سنٹر برمنگھم میں وزیٹنگ لیکچرر، اور ڈیمانسٹریٹر رہی ہوں، اس کے علاوہ میں یوگی بھی ہوں؛ اور ۱۹۷۳ء سے کراسبی یوگا سنٹر چلا رہی ہوں؛ میرے مضامین اور فیچر سنڈے ٹائمز میگزین، آبزرور، گارڈین اور دوسرے قومی اخبارات میں آتے رہتے ہیں؛

میرا نام "ایگونی آنٹی" یعنی "دکھ دور ماسی" بھی ہے، ہر روز مسائل پر مشورے اور رہنمائی کے لئے ڈھیر سارے خطوط آتے ہیں، جو خط لکھنا پسند نہیں کرتے وہ فون کر دیتے ہیں، ایشین کمیونٹی کے مسائل، مشکلات اور ان کے ممکنہ حل کے بارے میں خطاب، تقاریر اور مباحثوں کے لئے ریڈیو، ٹی وی اور بہت سی تنظیموں کی طرف سے دعوت نامے موصول ہوتے رہتے ہیں

میں نے اب تک یہ انعامات حاصل کئے ہیں:

سنہ ۱۹۸۳ء : بھائی موہن سنگھ وید ادبی ایوارڈ

سنہ ۱۹۸۴ء : سالِ رواں کی عورت

سنہ ۱۹۸۷ء : پریرنا شاعری ایوارڈ

سنہ ۱۹۸۸ء : پنجاب گورنمنٹ کا اعلیٰ ادبی ایوارڈ
شریمتی سہتکار ایوارڈ دہلی

سنہ ۱۹۸۹ء : سالِ رواں کی شخصیت ایوارڈ
خالصہ کالج لندن

☼

کانتا واکر :

میں سات سال کی عمر سے شعر لکھ رہی ہوں، میں فارغ اوقات میں مشقِ سخن کرتی ہوں" مصوّر ہوں" شاعری میں بھی خوبصورت الفاظ سے تصویریں بنانا بہت پسند ہیں، میری نگارشات میں افسانے، ناول، مضامین اور نظمیں شامل ہیں"

۹۰، ۱۹۸۹ء میں میری تصاویر کی سفری نمائش کے دوران میں نے اپنی تصاویر پر لکھی گئی نظمیں سنائیں" جو بہت پسند کی گئیں" میرے مشاغل بڑے متنوع ہیں" میں نے ۱۹۸۵ء میں چرچل فیلوشپ حاصل کیا ۱۹۸۷ء میں میرا پہلا ناول "ساڑھے ماڑے" پینڈورا نے شائع کیا ۱۹۸۹ء میں نارتھ ویسٹ کی طرف سے میں کانسٹیبل ٹرافی کے لئے جج بنی؛

۹۰، ۱۹۸۹ء میں میں نیشنل کالج آف آرٹس لاہور میں رہی" الحمرا آرٹ گیلری میں نمائش کی" اور پنجاب پر اپنی نظمیں سنائیں" ابھی حال ہی میں کلچر ورڈ کے افسانوں کا مقابلہ جیتا؛

ستمبر ۱۹۹۰ء سے میں چورلٹن پارک اڈلٹ ایجوکیشن سنٹر چلا رہی ہوں اور سماجی ادب پر عورتوں کی کلاس لیتی ہوں۔

میری نظموں کا موضوع ہے: برطانیہ میں رہنے والی رنگدار عورتوں کی زندگی پر سماجی، سیاسی اور اقتصادی حالات کا اثر" ! ٭

٭ ٭ ٭

کچھ کامن ورڈ کے بارے میں :

کامن ورڈ ایک کمیونٹی پبلشنگ ادارہ ہے ، جو کہ نفع کی بُنیاد پر کام نھیں کرتا یہ ادارہ نارتھ ویسٹ کے مصنفین کے کام کو زیادہ سے زیادہ قارئین سے روشناس کرانے کے لیئے ان کی کتابیں شایع کرتا ہے :

پچھلے چودہ سال کے عرصہ میں کامن ورڈ نے شاعری، افسانے اور تخلیقی ادب کی دوسری اقسام میں کتابیں شائع کی ہیں' شُعلہ (فلیم) اس سلسلے کی دسویں کتاب ھے جسے کراکس شائع کر رہا ہے :

کامن ورڈ معاشرے کے ان افراد یا گروہوں کی تخلیقات کی حوصلہ افزائی کرتا ہے، جو اپنے تاثرات واحساسات تحریری صورت میں منظرِ عام پر نہیں لا سکے" مزدور، ملازمین، رنگدار لوگ، عورتیں اور ہم جنس پرست آدمی اور عورتیں" سب اسی زمرے میں آتی ہیں :

کلچر ورڈ ، جو کہ کامن ورڈ کا ایک حصہ ہے اور ایشیائی اور ایفرو کریبین مصنفین کا مرکز ہے، " آئی ڈینٹٹی " میگزین شائع کرتا ہے، رنگدار مصنفین کے مقابلے کا اہتمام کرتا ہے : اور لکھنا سکھانے کی ورکشاپ چلاتا ہے :

ورکشاپ اور اشاعت کے کام کے علاوہ کامن ورڈ مسودّات کے تنقیدی مطالعے کا بھی انتظام کر سکتا ہے، اور مصنفین کی اطلاع اور رہنمائی کے لئے مقامی سہولتوں سے بھی آگاہ کرتا ہے ،

کامن ورڈ کو ایسوسی ایشن آف گریٹر مانچسٹر اتھارٹیز، نارتھ ویسٹ آرٹس اور اور مانچسٹر ایجوکیشن کمیٹی کا تعاون حاصل ہے ، اس کے دفاتر چیٹ وڈ ہاؤس' ۲۱ نیوٹن سٹریٹ مانچسٹر میں واقع ہیں' فون نمبر ۳ ۷ ۲ ۶ ۳ ۲ ۲ ۱ ۶۱ ۰ ہے: فون کیجیئے ، ہمیں گوش بر آواز پائیں گے :